하버드
합격기준

하버드 MBA의 합격기준을 보면,
일류 글로벌 조직의 채용기준이 보인다!

하버드
합격기준

사토 지에 지음 황선종 옮김

싱긋

차

례

리더십이란 무엇인가?

당신의 리더십이 평가된다

일류 글로벌 기업이 원하는 인재는 어떤 사람들일까?

채용기준이나 인사평가기준이 공표되어 있지 않기 때문에 일반적인 회사원은 '회사가 자신의 어떤 점을 보고 평가하는지' 알기가 어렵다.

일반 기업에서는 '설정한 목표를 어느 정도 이루어내는가'와 같은 미시적 관점에서 인사평가를 한다. 요컨대 부서의 목표를 달성하는 데 얼마나 기여했는가와 같은 지극히 부분최적의 관점에서 작성된 기준으로 평가한다. 거시적 관점에서 남다른 인재가 되기 위해서는 어떻게 하면 좋을까, 회사와 업계를 성장시켜가기 위해서는 무엇을 하면 좋을까와 같은 전체최적의 관점에서 상사와 대화를 가질 기회는 없을 테고, 그런 것에 대해서는 상사도 알지 못하는 경우가 많다. 1년 동안 해내야 할 일은 알고 있어도, 어떻게 하면 회사와 업계에서 높이 평가받는지는 아무도 가르쳐주지 않는다.

나는 수많은 글로벌 기업의 채용기준을 취재해왔는데, **어떤 기업이든 공통적으로 직원에게 요구하는 것이 있다. 그것은 바로 '리더십'이다.**

이 단어는 입사시험에 제출하는 입사지원서나 대학 응시원서 등에서 흔히 볼 수 있지만, **어떤 점을 쓰면 '리더십을 발휘한 사람'으로 인정받는지**는 알려져 있지 않다. 기업이든 대학이든 모범답안을 공표하지 않으며, 다른 수험생이 무엇을 썼는지도 알 수 있는 방법이 없기 때문이다.

기업의 인사평가기준에도 반드시 리더십이라는 항목이 들어가 있는데, 나는 기업에 근무하는 사람들로부터 종종 "지금 있는 직장에서 어떻게 하면 '리더십이 있는 사람'이라고 인정받을 수 있을까요?"라는 질문을 받는다. 이는 어찌 보면 당연한 일이며, 리더십에 관해 체계적으로 배울 수 있는 곳은 세계적으로 봐도 구미의 경영대학원 아니면 매킨지&컴퍼니나 보스턴 컨설팅 그룹 등 극소수의 글로벌 기업밖에 없기 때문이다.

당신의 어떤 리더십이 높이 평가받는가? 이것을 하버드 대학 경영대학원의 일본인 합격자의 실례를 통해 구체적으로 전하는 것이 이 책의 목적이다.

하버드 합격기준과 기업의 채용기준

하버드 대학 경영대학원은 세계 최고의 리더십 교육을 실시하는 기관으로 명성이 높은데, 1908년 미국 보스턴에 설립된 세계 최고의 경영대학원이다. "세계에 변화를 가져올 리더를 육성한다"는 기치 아래 100년 이상에 걸쳐 수많은 글로벌 리더를 배출해왔다.

졸업생 중에는 조지 W. 부시 전 미국 대통령, 마이클 블룸버그Michael R. Bloomberg 전 뉴욕 시장, 제너럴 일렉트릭 CEO 제프리 이멜트Jeffrey Immelt, 페이스북 COO 셰릴 샌드버그Sheryl Sandberg 등 정계와 재계의 유명인사가 수두룩하다. 일본인 졸업생으로는 디엔에이 창업자 난바 도모코(南場智子, 1990년 졸업), 로손 회장 니나미 다케시(新浪剛史, 1991년 졸업), 라쿠텐 창업자로 회장 겸 사장인 미키타니 히로시(三木谷浩史, 1993년 졸업), 최근 졸업생으로 라이프넷 생명보험의 사장 겸 COO 이와세 다이스케(岩瀬大輔, 2006년 졸업) 등이 유명하다.

하버드는 어떤 기준으로 어떤 젊은이들을 선택하는 걸까? 이 합격기준은 전 세계 글로벌 기업의 주목을 받아왔다.

하버드의 합격기준은 사회에 진출하는 젊은 글로벌 인재의 기준이며, 수많은 일류 글로벌 기업의 채용기준과 겹치는 부분이 많다. 그 중에는 채용기준이 하버드와 거의 같은 기업도 있다. 한 예로 하버드의 합격기준과 매킨지&컴퍼니의 채용기준을 비교해보자.

하버드의 합격기준은 다음 세 가지다.

1. 리더십 능력(Habit of Leadership)

2. 분석력과 분석 욕구(Analytical Aptitude and Appetite)

3. 공동체에 대한 공헌도(Engaged Community Citizenship)

그리고 매킨지&컴퍼니의 전 채용 매니저 이가 야스요^{伊賀泰代}의 말에 따르면, 이 회사의 채용기준은 다음 세 가지라고 한다(『채용기준』, 다이아몬드사).

1. 리더십 능력

2. 지두력(地頭力: 교육으로 얻어진 능력이 아니라 본래 지닌 두뇌의 능력. 논리적인 사고력이나 커뮤니케이션 능력 등—옮긴이)

3. 영어 능력

하버드의 경우에는 2의 분석력에 영어 토론 능력도 포함되어 있기 때문에, 하버드의 합격기준과 매킨지의 채용기준은 거의 같다는 사실을 알 수 있다. 물론 하버드에 합격했다고 해서 매킨지에 합격할 수 있는 것은 아니며, 매킨지에 합격한 사람이 하버드에 합격할 수 있는 것도 아니지만, 원하는 인재의 큰 틀은 같다.

왜 하버드의 합격기준이 기업의 채용기준과 겹치는 걸까?

그 이유로 두 가지를 들 수 있다. 첫째는 하버드가 주요 글로벌 기업이 어떤 인재를 요구하고 있는지를 항상 조사하면서 **실제의 비즈니스 니즈에 맞는 경영인재를 육성하기 위해 노력하고 있기** 때문이다.

그래서 하버드의 합격기준이 시대와 함께 변하는 것이다.

　　둘째는 **하버드 졸업생의 상당수가 채용기준을 결정하는 위치에 있는 경우가 많기 때문이다**. 대부분의 졸업생이 기업에서 경영자나 관리직을 맡고 있으며 인재의 평가기준을 결정하는 컨설팅 회사에도 적지 않게 들어가 있다. 그들이 하버드에서 습득한 가치관을 자사의 채용기준에 반영시키는 것은 이상한 일이 아니다.

　　요컨대 하버드의 합격기준을 살펴보면, 일류 글로벌 기업의 채용기준이나 인재의 평가기준도 알 수 있는 것이다. 일본의 기업이나 대학이 "이 시대에 요구되는 인재는 리더십이 있는 사람"이라며 리더십을 연호하는 것도 그 뿌리를 더듬어가보면 하버드나 글로벌 기업이 인재를 선택하는 기준에 이르게 된다.

리더십을 정의한다

　　하버드를 포함한 구미의 경영대학원은 리더의 육성을 사명으로 내세우고 있다. 학생들은 입학하면 반드시 '리더십' 수업을 받게 된다. 리더로서 성공한 사람과 실패한 사람의 사례를 수도 없이 배우고, 자신이 이 사례의 주인공이라면 어떻게 할 것인가를 생각한다. 이런 수업을 통해 자신에게 맞는 리더십이란 무엇인가를 배워간다.

　　리더십은 따로 정의되어 있지 않으며, 교수들이 각자 나름의 표현으로 "리더십이란 무엇인가"를 가르쳐준다.

예를 들어 하버드의 프랜시스 프라이Frances Frei 교수는 다음과 같이 정의한다(2011년 12월, 1학년생 전원에게 보낸 메시지 카드에서 인용).

"리더십이란 당신이 그 자리에 있으면서 주위 사람들에게 좋은 영향을 끼치는 것이다. 그리고 당신이 그 자리를 떠나도 그 좋은 영향이 계속 이어지도록 사람들을 이끌어가는 것이다."

리더십을 발휘했다는 것은 당신이 있음으로써 주위가 움직이고 뭔가 새로운 일이 실현되었다는 것을 뜻한다. 리더십은 경영자가 아니면 발휘하기 어려운 게 아닌가 하는 잘못된 인식이 있지만, 평범한 회사원이든 계약사원이든 아르바이트생이든 어떤 위치에 있든 모두가 리더십을 발휘할 수 있다. **나이도 직장 경력도 상관없다. 리더십은 직위에 따른 능력이 아니다.**

그리고 중요한 리더십이 따로 있고 중요하지 않은 리더십이 따로 있는 것이 아니다. 사무실을 배치할 때 사소한 점을 개선했든 신규사업을 기획해서 시작했든 **"당신이 있었기 때문에 주위가 움직이고 뭔가 새로운 것을 성취했다"**면 당신이 리더십을 발휘했다고 할 수 있다.

리더십은 '비포—애프터'로 성과가 평가된다. 당신이 있음으로써 새로운 것이 생기거나 문제가 해결되어 **확실하게 주위 사람이나 환경이 좋은 방향으로 변화**해야 한다.

하버드 합격기준

하버드가 평가한 리더십 경험

하버드 입학시험을 칠 때는 입학원서나 면접을 통해 세 가지 기준, 즉 리더십 능력, 분석력과 분석 욕구, 그리고 공동체에 대한 공헌도를 보여주어야 한다. 이 책은 '일본인 유학생 아홉 명이 어떤 점을 하버드에 어필하여 합격했는지'를 주제로 취재해서 어떤 능력과 경험이 높이 평가받았는지를 소개한다. 특히 리더십에 관한 실제 사례를 읽으면 젊은이들이 갖추어야 할 리더십을 머릿속에 구체적으로 그릴 수 있을 것이다.

그들은 10대 또는 20대 때 리더십을 발휘한 경험이나, 대학 또는 직장에서 누구나 경험할 만한 일을 이야기했다. 합격자 아홉 명이 일본 기업, 외자계 기업, 일본 대학, 미국 대학 등에서 리더십을 발휘했던 경험은 다양하며, 그들의 '리더십에 관한 경험담'은 최근에 있었던 일이지만 우리에게 중요한 사실을 시사한다.

이미 관리직이나 경영자가 된 독자들은 '어차피 젊은 사원들의 성공 사례에 불과하지 않은가'라고 생각할지도 모른다. 그러나 **하버드가 인정한 그들의 리더십 경험은 리더십이란 무엇인가라는 본질을 가르쳐주는 것**이라고 할 수 있다. 이 책을 읽고 독자 여러분이 나이나 직위에 상관없이 자신이 그때 한 행동이 리더십인가, 또는 이런 점이 국제적으로 높이 평가받는 것인가라고 깨닫는다면 기쁘기 그지없겠다. 이런 점들이 일류 글로벌 조직에서 당신을 평가하는 진정한 핵심 포인트이기 때문이다.

일본 기업을 포함한 글로벌 기업에 들어가기 위한 취직활동이나 이직활동 아니면 사내 인사면접에서는 **자신의 리더십 경험을 제대로 부각시켜 소개할 필요**가 있다. 거듭 말하지만, 중요한 리더십이 따로 있고 중요하지 않은 리더십이 따로 있는 것이 아니다. 당신이 있음으로써 뭔가가 새로워지거나 좋아졌다면 그 모든 것이 훌륭한 리더십 경험이다.

과연 당신의 어떤 점이 국제적으로 높이 평가받을 수 있을까? 여러분이 리더십이라는 것을 탁상의 경영론이 아니라 구체적인 사례로 실감할 수 있다면, 나로서는 더 바랄 게 없겠다.

리더십 능력은 직장 경력과 비례하지 않는다

이번 취재로 **하버드에서는 리더십 능력과 직장 경력은 비례하지 않는다고 생각한다**는 사실을 알았다. 이는 연공서열을 중시하는 일본 기업의 사고방식과는 크게 다른 점이다. 일본에서는 일반적으로 오랫동안 일하면 일할수록 리더십 경험이 풍부해지고 직위가 올라감에 따라 리더십 능력도 향상된다고 생각하지만, 하버드나 일류 글로벌 기업은 그와 같이 생각하지 않는다. 상세한 설명은 제6장에서 다룰 입학심사관의 인터뷰를 참조하기 바라며, 하버드의 입학전형은 얼핏 프로야구의 드래프트와 비슷한 면이 있다.

드래프트에서 선수를 지명할 때 고등학생이든 대학생이든 사회인이든 나이는 상관없다. 오로지 야구선수로서의 실적과 잠재능력으로 평가한다. 이와 같이 하버드도 리더십 경험과 리더로서의 잠재능력을 볼 따름이다. 하버드 합격기준에 어떤 리더십 경험이든 상관없고, 또 리더십을 발휘한 곳이라면 어디든 상관없다고 적혀 있는 것은 **나이나 경험으로 수험생의 능력을 판단하지 않기** 때문이다.

실제로 하버드는 2008년부터 졸업을 앞둔 대학교 4학년 학생에게 합격통지서를 내주는 특별입학 프로그램인 '2+2 프로그램'을 실시하고 있다. 사회인 경험 등이 없어도 학생 시절에 리더로서 두각을 나타내고 있으면 그걸로 충분하다고 보는 것이다. 하버드든 글로벌 기업이든, 오랜 경력이 아니라 리더십 경험의 '농도'를 묻고 있다.

있는 그대로 보여주는 용기

채용면접을 하거나 상사와 인사면접을 할 때는 누구나 가능한 한 자신을 한결 유능한 사람으로 보이고 싶어한다. 과거의 실적을 높이 평가받아서 자신이 그 회사에 필요한 인재라는 사실을 알아주기 바라는 것은 당연한 일이다. 그러나 그런 자리에서 자신을 지나치게 꾸며서 실적만 강조하면 손해라는 사실을 알고 있는가?

하버드에 합격한 이들이 자신을 보여주는 기술에는 공통점이 있다. 바로 '있는 그대로의 자신'을 보여주고 있는 것이다. 실패만 해왔든 아직 미숙하든 상관없다. 어쨌든 발전하고 있는 모습을 보여준다. 하버드 입학시험뿐만 아니라 채용면접이든 인사면접이든 자신을 완벽하게 드러내 보이려고 하는 태도는 오히려 역효과를 내기 십상이다.

왜 있는 그대로의 자신을 내보이면 합격하기 쉬운 걸까? 그 이유는 두 가지다.

첫째 이유로는 **있는 그대로의 자신을 드러내는 것이 성공하는 리더로 가는 첫걸음**이라는 원칙을 들 수 있다. 이것은 경영대학원에 입학하면 맨 먼저 주입되는 개념이다. 자랑하기에만 여념이 없는 교만하고 허식에 찬 리더를 누가 따르겠는가. 그런 사람은 하버드에 합격할 수도 없으며 기업에서도 채용되지 않는다.

둘째 이유로는 채용담당자나 인사평가자는 **'현재 큰 인물로 보이는 사람'보다 '앞으로 큰 인물이 될 것 같은 사람'을 선호한다**는 점을 들 수 있다. 이는 스탠퍼드 대학 경영대학원의 자카리 토말라^{Zakary} Tormala 교수, 홍콩 대학의 제이슨 지아^{Jason Jia} 교수, 하버드 대학 경영대학원의 마이클 노튼^{Michael Norton} 교수가 2012년에 발표한 연구 결과로 분명해졌다. 그들은 입사지망자의 평가에 관한 실험을 하고,

- 리더십 실적 판정 테스트에서 높은 결과를 낸 사람과
- 리더십 실적은 없지만 잠재력 판정 테스트에서 높은 결과를 낸 사람

중에서 결국 누가 채용되는지를 비교해보았다(그 밖의 점에서는 같은 경력으로 가정). 그러자 대다수의 평가자가 **'실적은 없어도 잠재력이 있**

는 사람'을 선택했다.

이들의 연구에 따르면, 사람들이 타인의 실적보다 가능성에 끌리는 이유는 두뇌의 작용에 따른 것이라고 한다. 실적이 없는 사람의 가능성은 미지수이지만 불확실한 면이 있기 때문에 두뇌가 그 사람을 한층 더 알고 싶어하면서 작용하여, 결국은 그 사람이 매력적으로 여겨진다고 한다.

이 연구 결과가 보여주는 대로, 시험을 치르는 사람은 **자신의 '실적'이 아니라 '가능성'을 무기로 삼는 편이 채용 가능성을 높인다.** 하버드의 합격자가 모두 발전 과정에 있는 자신을 있는 그대로 소개한 것은 리더로서의 잠재력을 효과적으로 전달하는 데 매우 유효했다고 할 수 있다.

경영대학원의 면접관으로서

이 책을 집필한 이유는 좀더 많은 사람들에게 글로벌 조직의 평가기준과 글로벌 조직이 높이 평가하는 리더십의 실례를 알려주고 싶기 때문이다.

나는 얼추 10여 년에 걸쳐서 컬럼비아 대학 경영대학원의 입학생을 심사하는 면접관을 맡아왔다. 그리고 외자계 기업에 재직할 때는 관리직으로서 채용과 관련된 업무도 담당했다. 면접 때는 "훨씬 더 좋은 경험이 있었을 법한데, 이 경험으로는 다른 수험생과 차별화가 되지 않는데⋯⋯", "이 이야기라면 이런 식으로 어필하면 좋았을 텐데⋯⋯" 하며 안타까워한 경우가 종종 있었다.

그뒤 인재를 평가하는 입장에 섰던 사람으로서 **어떤 리더십이 평가받고, 어떻게 어필하면 효과적인지**를 하버드 합격자의 사례를 통해 알려주고 싶다는 생각이 들었다. 세계 최고 난관이라 불리는 경영대학원에 합격한 그들은 분명 글로벌 리더로서 활약할 사람들이며, 그 사례는 어느 의미에서 '합격답안'으로서 가장 설득력이 있을 것으로 생각했기 때문이다.

독자 여러분이 이 책을 읽고 세계가 요구하는 리더십이란 무엇인지, 일류 글로벌 기업은 어떤 인재를 요구하고 있는지를 구체적으로 이해할 수 있으면 다행이겠다.

제1장

합격자가
결정되기까지의
과정

통계로 보는 일본인 합격자

하버드 대학 경영대학원은 어떤 식으로 합격자를 결정하고 있을까? 또 어떤 일본인이 선택되는 걸까? 제1장에서는 하버드 입학 심사 과정에 대한 기초 정보를 설명한다.

하버드 대학 경영대학원에 입학원서를 제출하는 사람은 연간 약 9,000명이다. 합격하는 사람은 1,000명가량이며, 그중 입학하는 사람은 900명 정도다. 합격률은 약 10%인데, 1985년부터 30년 동안 거의 변함이 없다.

최근 몇 년 동안을 살펴보면 900명 중 일본인은 한 자릿수다. 하버드 일본인 협회에 따르면 2012년의 입학자는 9명, 2013년의 입학자는 5명이라고 한다(일본에 거주한 적이 없는 일본인은 제외).

일본인 입학자가 매년 한 자릿수이거나 10명 남짓이라는 것은 하버드뿐만 아니라 다른 일류 경영대학원에서도 공통되는 경향이다. 하지만 그중에서도 특히 일본인은 하버드에 합격하기가 어렵다고 한다. 실제로 이번에 취재한 일본인 합격자 중 대부분은 자신들이 합격할 줄은 꿈에도 생각지 못했다고 말했다. 이 정도로 하버드는 일본인에게는 유독 문턱이 높은 학교라는 것이 지금까지의 통설이다.

그런데 하버드 비즈니스 스쿨 일본 리서치 센터의 사토 노부오佐藤信雄 센터장은 "일본인이 들어가기 어려운 곳이라고 단정할 수는 없다"며 이 통설을 부정한다.

사토(이하 존칭 생략)에 따르면, 일본인의 하버드 합격률은 매년 10% 안팎으로, 지난 30년 동안 그다지 변하지 않았다고 한다. 수험생이 많았던 거품경제 시기에는 20명가량이 입학한 해도 있었다.

사토는 1982년에 하버드에서 MBA(경영학 석사)를 취득했다. 1978년에 게이오 대학 경제학부를 졸업한 뒤, 니혼코교日本興業 은행(현 미즈호 은행)에 들어갔다. 그뒤 기업 파견유학 제도로 하버드 대학 경영대학원에 입학했다. 더불어 사토가 입학한 1980년에 일본인 합격자는 11명이었다고 한다.

"30년 동안 합격률이 그다지 변하지 않았다"는 말은 상당히 의외였다. 나는 "900명 중 아시아인을 몇 명 합격시키고, 그중 일본인은 몇 명쯤으로 한다"는 식으로 하버드가 그해 일본의 경제력에 따라 일본인 합격자 수를 대략 결정하고 합격자를 냈을 것으로 짐작하고 있었기 때문이다. 사토는 말한다.

"하버드는 특정 국가의 수험생이 많을 때는 다양성을 유지하기 위해 그 나라의 합격자 수를 어느 정도 조정할 가능성이 있지만, 지금과 같이 일본인 수험생이 적을 때는 오히려 합격률 10%를 지키려 할 가능성이 높다고 봅니다."

요컨대 일본 경제의 부침이 아니라 일본인 수험생 수와 출신 국가별 합격자 수의 균형을 고려해서, 합격자가 한 지역이나 국가에 편중되지 않도록 결정하고 있는 게 아닌가 하는 것이다.

2013년의 일본인 입학생은 5명으로 적은데, 그 이유 중 하나로 하버드를 지원한 일본인 수가 유별나게 적었던 점을 들 수 있다. 그해에는 50명만 응시했다고 한다. 같은 아시아인 중에서도 중국인이나 인도인에 비하면 대단히 적다. 사토는 이렇게 말을 이었다.

"일본인 합격자의 합격률은 50명이 시험을 쳐서 5명(10%)이 합격한 걸 보면 아시아에서는 높은 편입니다. 이를테면 중국인은 500명이 시험을 쳐서 20~30명(4~6%), 인도인은 1,000명 정도 응시해서 40~50명(4~5%)밖에 합격하지 못한다고 합니다. 입학원서를 내면 10%는 들어갈 가능성이 있는데도 하버드에 도전하는 일본인이 적어지고 있기 때문에 입학생도 줄어들고 있는 것이죠."

이 10%는 미국인, 유럽인, 아시아인 등을 포함한 하버드 전체 합격률과 거의 같다.

일본인은 왜 줄어들고 있는 걸까?

왜 하버드를 지망하는 일본인 수가 줄어들고 있는 것일까?

그것은 바로 '일본인은 합격하기 어렵다'는 근거 없는 소문이 나돌고 있기 때문이다. 내가 시험을 쳤을 때도 "시험점수는 거의 만점이어야 하고, 게다가 영어권에서 오랜 기간 유학한 경험이 없으면 힘들다"거나, "매킨지나 미쓰비시 상사의 직원이나 전 직원이 아니면 어렵다"거나, "거의 미국인이나 진배없는 일본인이 아니면 무리"라는 말을 들었다.

사토에게 일본인 수험생이 줄어들고 있는 이유를 물어보았더니, "어디까지나 추측에 불과하지만, '하버드는 우선 TOEFL 점수가 높아야 시도해볼 수 있다'고 오해를 해서 애초에 시험을 포기해버리는 사람들이 많아서 그런 게 아닐까요"라고 대답했다. 그런데 하버드 웹사이트에 들어가보면 분명히 다음과 같이 명시되어 있다.

"하버드는 TOEFL 점수를 몇 점 이상 받아야 된다는 규정이 없습니다. 다만 MBA 입학심사위원회는 109점 이하의 수험생에게는 하버드에 응시하지 말 것을 권하고 있습니다."

120점 만점에 109점이라는 것은 일본인에게 상당히 높은 점수다. 다른 이름 있는 학교의 웹사이트에 들어가보았는데, 스탠퍼드는 100점 이상이라고 나와 있고, 컬럼비아는 특별히 정해놓지 않았다. 일본 젊은이들이 하버드를 기피할 만한 것이다.

그러나 109점 이하면 입학원서도 넣지 못한다는 말은 큰 오해다. 나는 지금까지 수십 명의 하버드 일본인 졸업생을 취재했는데, 이 최저 점수에 이르지 못했어도 과감하게 도전해서 합격한 사람을 여러 명 알고 있다. 실제로 이번 취재에서 입학심사관의 책임자에게 직접 확인해보았는데, "TOEFL 점수가 낮다고 탈락시키는 일은 없다. 그 점수를 못 받아도 합격할 가능성은 충분히 있다"고 했다.

하버드의 합격기준은 '리더로서의 종합적 능력을 갖고 있는가'다. 이 책에서 상세히 서술하겠지만, TOEFL 등의 점수는 다양한 기준 중 하나에 불과하다. 그 밖의 면에서 승부를 겨룰 수 있다면 문을 두드려볼 가치는 충분히 있다.

하버드가 바라는 인물상은 바뀐다

이와 같이 '일본인은 합격하기 어렵다'는 말이 근거 없이 나돌고 있지만, 어떤 일본인이 하버드에 합격하는가와 같은 전체상은 그다지 알려져 있지 않다. 미키타니 히로시나 이와세 다이스케 같은 저명한 졸업생의 활약은 누구나 알고 있을 테고, 일본인 졸업생의 유학 체험기도 셀 수 없이 많이 출판되어 있다. 하지만 그런 책들은 어디까지나 주관적인 개인 기록이다.

이 책은 현재 하버드에 다니고 있는 일본인 유학생들의 '전체상'을 보여주는 데 중점을 두고 있다. 그들은 10대와 20대를 어떻게 보냈고, 그것을 어떻게 알렸기에 하버드 입학시험에 붙은 것일까? 그들이 발표한 리더십 경험이란 무엇일까?

앞에서 언급했듯이 현재 하버드에 다니는 일본인은 14명이다. 2012년 입학생이 9명, 2013년 입학생이 5명이다.

그중에서 자비유학생이 8명으로, 모두 매킨지&컴퍼니, 보스턴 컨설팅 그룹, 국제금융공사IFC, 시티그룹 증권 등 유명한 글로벌 기업의 출신자다. 기업에서 보낸 유학생은 6명이며 다이와 증권, 노무라 증권, 히타치 제작소, 미쓰이 물산, 미쓰비시 상사에서 파견했다.

대개 경영대학원은 졸업생의 취직률이 중요한 평가기준이 된다. 대학원의 운영을 좌우할 정도로 중요한 지표이기 때문에, 경영대학원 입학시험은 "돌아갈 곳이 확보되어 있는 기업 파견 유학생이 유리하다"는 말들이 있어왔다. 그러나 하버드의 일본인 유학생은 자비유학생 쪽이 많은 편이다.

출신대학별로 살펴보면, 10명 중 5명이 미국 대학 졸업생이다. 전공별로 보면, 이공계와 경상계가 70%를 차지한다. 이런 경향은 사토가 입학한 1980년대와는 크게 다르다고 한다.

"일본인 합격자가 11명이었는데, 그중 8명이 기업 파견 유학생이었습니다. 대학 시절에 경제를 전공한 사람이 많았고, 이공계 사람은 거의 없었던 걸로 기억합니다."

하버드 대학 경영대학원의 입학시험은 '하버드가 바라는 인물상'에 자신이 어느 정도나 부합하는지를 보여주어야 하는데, 그 기준은 시대에 따라 크게 바뀌어왔다는 사실을 이번 취재로 알게 되었다.

입학시험에서 합격까지의 과정

하버드 대학 경영대학원에 합격하기 위해서는 우선 입학원서를 제출해야 한다. 서류심사에 합격한 사람만 면접시험을 볼 수 있으며, 면접을 통과한 사람이 최종합격자가 된다.

입학원서에는 시험 점수도 기입해야 하기 때문에 미리 시험을 쳐두어야 한다. 시험 결과는 TOEFL은 2년간, GMAT는 5년간 유효하기 때문에, 입학원서를 제출하기 몇 년 전에 시험만 쳐두는 계획적인 사람도 있다.

원서접수는 1년에 세 번 있다(2014년 9월 입학생은 2013년 9월, 2014년 1월, 2014년 4월이 접수 기한이었다). 언제 제출하든 상관없지만 이르면 이를수록 좋다고 해서 일본인 합격자는 대부분 1월에 제출했다. 9월에 제출한 서류심사 합격자의 면접은 가을에, 1월에 제출한 서류심사 합격자의 면접은 겨울에, 4월에 제출한 서류심사 합격자의 면접은 봄에 실시한다.

이런 과정은 매년 변경되기 때문에 응시자는 반드시 하버드 대학 경영대학원의 공식 웹사이트(http://www.hbs.edu)를 확인해야 한다.

하버드 입학시험을 칠 때 서류심사를 받기 위해서는 2014년 현재 주로 다음의 여섯 가지를 제출해야 한다. 모두 온라인으로 제출한다.

① 출신대학 성적증명서

② 시험 점수(TOEFL, GMAT 점수)

③ 과제 에세이

④ 추천장

⑤ 이력서

⑥ 기초 데이터 표(지원동기 포함)

(*그 밖에 원서 접수비 등이 있다. 영어권 대학 출신자는 TOEFL 면제. 과제 에세이는 선택 사항이다.)

TOEFL은 세계에서 가장 널리 활용되는 영어 능력 시험이며, 호주나 캐나다, 영국, 미국을 포함한 130개국의 9,000개 이상의 대학이나 교육기관이 합격 여부를 판단하는 자료로 사용한다.

TOEFL은 전에는 일반적인 마크 시트 방식의 지필시험이었는데, 일본에서는 2006년부터 TOEFL iBT 시험을 온라인으로 실시해왔다. 시험은 약 4시간 30분에 걸쳐 진행되며 네 가지 파트(리스닝, 리딩, 스피킹, 라이팅)로 구성되는데, 스피킹이 추가됨으로써 일본에서 교육을 받은 일본인은 고득점을 얻기가 더 어려워졌다.

GMAT는 경영대학원 수험생을 위해 개발된 시험으로, 일본의 센터 시험과 같은 것이다. 이 시험도 TOEFL과 같이 온라인으로 실시된다. 시험과목은 영어(주로 논리력을 본다)와 수학이며 모두 객관식이다. 일본에서도 지정된 장소에서 시험을 칠 수가 있다.

과제 에세이의 주제는 매년 바뀐다. 2013년, 하버드는 그전까지 여러 가지로 내던 에세이 주제를 달랑 하나만 제시해서 세계적으로 화제가 되었다. 게다가 제출 여부는 선택이고 분량 제한도 없다.

당신은 하버드 대학 경영대학원에 응시하기 위해 이력서, 대학 시절의 성적, 과외활동, 수상 이력, MBA 취득 후의 목표, 시험 점수 그리고 추천장을 제출했는데, 그 밖에 당신을 입학후보자로서 검토하기 위해 알아두기를 바라는 것은 무엇입니까?(단어 수 제한 없음)

그 이유에 대해서 하버드 대학 경영대학원의 MBA 어드미션&파이낸셜 에이드 부문을 총괄하는 매니징 디렉터 디 레오폴드Dee Leopold는 "현실 세계에서 자신에 대한 것을 타인에게 알리는 데 분량 제한 따위는 없으니까요"라고 대답했다. 게다가 자신에 대해 알아주었으면 하는 것이 없으면 에세이 자체를 제출하지 않아도 된다고 한다. 제6장에서 레오폴드에 대한 인터뷰를 상세히 소개하겠다.

①부터 ⑥까지 우선 서류심사를 하고, 심사를 통과한 사람이 면접시험을 치르게 된다. 9,000명 중 서류심사를 통과하는 사람은 1,800명 정도이고, 면접에 합격하는 사람은 1,000명 정도다.

최근에는 중국인 수험생이 많아져서 일본에 거주하는 수험생은 상하이에서 면접을 보는데, 일본인이 많은 해에는 도쿄에서 실시하는 경우도 있다. 2014년 겨울에는 일본과 한국에 거주하는 수험생을 위해 도쿄에서 면접을 실시했다.

하버드 합격기준

📖 하버드의 세 가지 합격기준

그러면 하버드는 어떤 기준으로 합격자를 선택하는가? 공식 웹사이트에 따르면, 하버드의 합격기준은 다음 세 가지라고 명시되어 있다(http://www.hbs.edu/mba/admissions/).

1. 리더십 능력

- 사람들을 이끌어가는 습관이 있는가? 어떤 상황에서 리더십을 발휘했는가? 어떤 리더십 경험이든 상관없다.

2. 분석력과 분석 욕구

- 전반적인 학술 능력.
- 특히 영어 토론 능력, 복잡하고 막연한 상황에서의 분석력, 문제 해결 능력.

3. 공동체에 대한 공헌도

- 공동체에 기여하는 시민인가? 특히 하버드의 공동체에 공헌하는 높은 윤리관이나 타인을 존경하는 태도.

여기에서 2의 분석력과 분석 욕구는 주로 시험 점수와 성적증명서로 판단한다. 굳이 '분석'을 강조하는 점이 하버드의 특징이다. 근래 들어 하버드는 STEM(Science, Technology, Engineering and

Mathematics: 기초과학, 테크놀로지, 공학, 수학의 약어)이라고 불리는 이 공계 학생을 많이 합격시키고 있어, 숫자에 강한 사람을 찾는 경향이 있다.

1의 리더십 능력과 3의 공동체에 대한 공헌도는 주로 이력서, 과제 에세이, 추천장의 내용으로 복합적으로 판단한다. 그중에서도 과제 에세이는 자신의 리더십 경험이나 가치관을 글로 전달할 수 있는 유일한 기회이며, 수험생이 가장 힘을 기울이는 부분이다. 시험 점수가 같은 수준이라면 여기에 무엇을 쓰느냐가 서류심사를 통과하는 열쇠가 된다.

면접에서는 수험생이 리더로서의 종합적 능력을 갖고 있는지를 확인한다. 그래서 이와 같은 세 가지 능력이 있다는 점을 보여주어야 하는데, 특히 일본인 수험생은 분석력, 그중에서도 영어 토론 능력을 보여주어야 한다.

오해 ① 시험 점수가 높은 쪽이 합격한다는 오해

세 가지 합격기준 중 수험생들이 가장 잘못 알기 쉬운 것이 학술적인 능력을 나타내는 '분석력'을 심사하는 기준이다. 전 세계 MBA 관련 웹사이트에는 다양한 정보가 실려 있는데, 그중에는 잘못된 것도 있다. 독자들 중에는 하버드 입학시험에 관심이 있는 분도 있을 테니, 이런 '흔히 있을 수 있는 오해'에 대해 살펴보고 여기서 바른 정보를 소개하겠다.

하버드는 '세계 최고 난관의 경영대학원'이니 시험 점수가 만점에 가깝지 않으면 합격할 수 없을 것이라고 넘겨짚기 쉽다. 실제로 내가 시험을 치렀을 때도 "하버드와 스탠퍼드는 TOEFL이나 GMAT에서 만점에 가까운 점수를 받지 않으면 통과하기 어렵다"고 했다.

물론 높은 점수는 틀림없이 하버드의 합격기준 중 하나인 학술적인 능력을 증명하는 유용한 방법이지만, 그것이 필수조건은 아니다.

하버드는 TOEFL이든 GMAT이든 '최소한 받아야 할 점수'를 명시해놓지 않는다. TOEFL 109점(120점 만점) 이하의 수험생은 응시를 권하지 않는다고 적혀 있지만, 실제로는 109점 이하라도 합격하는 수험생이 제법 있다.

입학심사관은 특히 일본인 수험생에게는 면접을 통해 영어 능력을 확인한다. 그렇기 때문에 오히려 109점을 밑돌더라도 면접에서 토론 능력이 있다는 점을 증명하면 합격할 가능성이 충분히 있는 셈이다.

하버드 비즈니스 스쿨 일본 리서치 센터의 사토 노부오 센터장은 이렇게 말한다.

"하버드의 입학심사관과 이야기를 나눌 때 주된 화제는 일본인 수험생은 TOEFL 점수가 높아도 하버드 수업을 따라갈 만한 토론 능력이 갖추어져 있지 않다는 점입니다."

대개 TOEFL에서 높은 점수를 얻은 사람은 중국인이든 인도인이든 토론 능력이 높다고 한다. 그런데 일본인은 그렇지 않은 경우가 있기 때문에, 면접에서 진짜 영어 실력을 확인하는 모양이다.

"기본적으로 영어 의사소통 능력을 높이려고 공부한 결과가 TOEFL 점수로 나타나야 하는데, 일본인은 일단 TOEFL 점수부터 올리고 보자는 경향이 있습니다. 그러나 머리를 싸매고 시험공부를 해서 높은 점수를 받아도 면접에서 영어로 자기 의견을 표현하지 못하면 아무런 의미가 없다고 하버드는 생각하고 있습니다."

실제로 내가 지금까지 취재를 통해 만난, 'TOEFL 점수는 109점 이하이지만 하버드에 합격한 일본인'도 영어 발음이나 표현이 원어민처럼 매끄럽지는 않았지만 자기 의견을 말하는 능력은 탁월했다.

앞에서 말했듯이 '스피킹'이 추가되어 일본인이 TOEFL에서 고득점을 올리기가 갈수록 어려워지고 있다. 수험생 중에는 시험을 수십 번 본 사람도 있다고 한다. 다만 사토는 "하버드는 TOEFL 시험을 많이 치는 것을 권하지 않는다"고 말한다.

분명히 이번에 합격한 사람들에게 물어봐도 TOEFL은 몇 번밖에 치지 않은 사람이 많았다. 사실 영어 능력은 시험 점수보다 면접으로 판단하는 것일지도 모른다.

GMAT 점수에 대해서도 하버드는 웹사이트에서 다음과 같이 양해를 얻고 있다.

"GMAT(또는 GRE) 점수에 대해서는 합격 점수를 정해놓지 않습니다. 입학생의 프로필을 보면 GMAT 점수에 큰 차이가 있다는 것을 알 수 있습니다."

하버드 합격기준

2013년 입학생의 GMAT 점수

- 입학생의 점수: 550~780(800점 만점)
- 입학생 평균: 730

매번 이 점수가 발표되면 '550점으로 합격한 사람은 어떤 사람인 지'가 화제가 된다. 550점은 GMAT 시험을 치는 전체 수험생의 평균 점수쯤 된다. 그러나 합격자의 평균이 730점인 학교에 550점으로 합격하기 위해서는 시험 이외의 요소에서 탁월한 실적, 이를테면 '세계에서 딱 한 사람', '세계 최초'와 같은 특별한 칭호가 붙을 수 있는 사람이 아니면 어렵지 않을까.

다만 평균점을 밑돌아도 합격할 가능성은 충분히 있는 것이다. 일본인 수험생 중에서도 과거에는 600점대에서 합격한 사람이 꽤 있었다.

물론 시험 점수는 높을수록 좋지만, 하버드가 구태여 명기해놓은 대로 학술적인 능력을 알아보는 하나의 요소에 지나지 않는다. 반대로 말하자면 시험 점수가 높기 때문에 합격한다는 보증은 어디에도 없다.

오해 ② 유명 대학 출신자일수록 유리하다는 오해

일본의 최고학부 도쿄 대학 대학원(석사 과정, 전문직 학위 과정)의 입학생을 출신대학별로 살펴보면 3,187명의 입학생 중 대략 반수에 해당하는 1,669명이 도쿄 대학 출신이다(2013년 5월). 한편 하버드 대학 경영대학원의 경우에는 하버드 대학 출신자가 비교적 많긴 하지만 그 수는 10%에도 미치지 않는다.

2011년 한 민간 회사가 조사한 바에 따르면, 아이비리그 8개교 출신자가 30%(10%가 하버드 대학), 그 밖의 대학 출신자가 70%라고 한다. 이것이 최근 몇 년간의 경향이라고 하는데, 미국 이외의 대학으로는 옥스퍼드 대학이나 케임브리지 대학, 인도 공과대학 출신자가 많다.

하버드의 웹사이트에 따르면(《표 1》), 2013년도에는 미국 국내에서 126개 대학, 외국에서 138개 대학, 합계 264개 대학 출신자가 입학했다. 입학생은 총 932명이다. 264개 대학에서 학생을 뽑았으니, 이는 아이비리그 외에 다양한 대학 출신자들이 합격했다는 이야기가 된다.

일본인 합격자 9명의 출신 대학을 보면, 도쿄 대학이 2명이고 나머지는 미국 대학을 포함해서 각각 다른 대학 출신 1명씩이다(도쿄 대학 2명, 게이오 대학 1명, 국제기독교대학 1명, 조치 대학 1명, 히토쓰바시 대학 1명, 오하이오 주립대학 1명, 하버퍼드 대학 1명, 매컬레스터 대학 1명).

하버드는 왜 264개나 되는 대학에서 신입생들을 뽑았을까? 단적으로 말하자면, 평범한 하버드생보다 보통의 대학에서 선두를 지킨 사람, 즉 대학의 명성이나 순위에 개의치 않고 리더로서 천하를 쥐었던 사람을 탐내고 있는 것이다. 대학 이름보다도 실질적인 리더십 경험을 중시하기 때문이다.

이번에 하버드 입학생의 출신학부를 다시 확인해보고 깜짝 놀랐다. 경영대학원은 디버시티(인종, 국적, 성별, 연령 등에 관계없이 다양한 인재를 활용하는 것)를 중시하기 때문에 출신학부도 다채로우리라 생각했는데, 의외로 편중되어 있었던 것이다.

2013년도 입학생의 38%가 이공계(STEM), 44%가 경제·경영 전공이다. 즉, 전체의 80% 이상이 이공계와 경상계 전공자들인 것이다. 이런 이공계 중시 경향은 현역 대학생을 미리 합격시키는 '2+2 프로그램' 합격자의 경우에 더욱 현저하게 나타난다. 무려 64%가 이공계 출신이며, 경상계와 합치면 80% 이상이 된다.

하버드는 디버시티(다양성)를 중시해서 어떤 전공이든 환영한다고 강조하고 있다. 대학 안내 영상물에는 그래픽디자인, 심리학, 역사학 전공 등 인문계 학부 출신자도 꽤 등장한다. 하지만 그들은 인문계 출신이라도 이미 창업을 했거나, 부전공이 이공계이거나 숫자에 강한 사람들이라고 한다. 현실적으로는 순수 인문계에서 하버드에 합격하기란 여간 힘든 일이 아닌 것이다.

하버드의 강의는 수강생 대부분이 기본적인 경영학 지식을 갖추고 있다고 전제하고 첫날부터 토론을 진행하기 때문에, 숫자에 약하면 따라가기가 이만저만 어려운 것이 아니다.

하버드는 학술적인 능력으로서 유달리 '분석력'을 중시한다. 모집요강에서도 다음과 같은 단서를 달고 있다.

"응시하는 데 필수로 지정하는 대학 전공과목은 없습니다. 다만 분석적·정량적 개념을 충분히 이해할 수 있는 능력은 보여주어야 합니다."

인문계와 예술계도 환영하지만, 수리력을 충분히 갖춘 사람만 들어올 수 있다는 것이다.

〈표 1〉 하버드 대학 경영대학원 2013년 입학생 프로필							
		학생 수	%	나이	점수	출신교	출신국
개요	MBA 프로그램 입학생 수	932명					
	수험생 수	9,315명					
	합격률		12%				
	합격자의 입학률*		89%				
학생의 속성	여성	383명	41%				
	미국의 소수인종**	233명	25%				
	유학생**	321명	34%				
	평균연령			27세			
	출신국 수						60개국
	출신대학 수(미국 내)					126개교	
	출신대학 수(미국 외)					138개교	
	GMAT 점수				550~780점		
	GMAT 평균점				730점		
국적	북미	651명	70%				
	북미 내 미국	611명	66%				
	아시아	142명	15%				
	유럽	81명	9%				
	중남미	34명	4%				
	아프리카	13명	1%				
	오세아니아	11명	1%				

대학 전공	이공계(STEM)	359명	38%				
	경제·경영	406명	44%				
	인문·사회	167명	18%				
출신 업종	경영컨설팅	178명	19%				
	소비재	59명	6%				
	에너지·자원	39명	4%				
	금융기관	122명	13%				
	정부기관·교육기관·비영리조직	66명	7%				
	헬스케어·바이오	53명	6%				
	하이테크·통신	99명	11%				
	중공업·제조업	68명	7%				
	군대	48명	5%				
	그 밖의 서비스업	38명	4%				
	벤처캐피털·사모펀드	162명	18%				

* 합격자의 입학률은 공동학위 프로그램, 군입대, 건강상태 등에 의해 입학을 연기하는 사람들을 제외하고
계산.
** 미국 영주자도 포함.
출처 http://www.hbs.edu

제2장

자비유학생의
이력서

하버드가 내건 기치는 "세계에 변화를 가져올 리더를 육성한다"이다. 그 합격기준은 리더십 능력, 분석력, 그리고 공동체에 대한 공헌도이다. 자신의 어떤 경험을 어떤 식으로 전달해야 "이 사람은 리더십 능력이 있고, 글로벌 리더 후보에 어울린다"는 평가를 받을 수 있을까? 제2~3장에서는 아홉 명의 유학생이 에세이나 면접에서 이야기한 구체적인 사례를 소개한다. 우선 제2장에서는 자비유학생 다섯 명에 대해서 서술하겠다. 그 다섯 명은 다음과 같다.

- 스기타 미치코(杉田道子, 2012년 입학, 국제금융공사 출신)
- 미야케 히로유키(三宅博之, 2012년 입학, 매킨지&컴퍼니 출신)
- 모리타 유리카(森田揺加, 2012년 입학, 시티그룹 증권 출신)
- 유아사 에무레 히데카즈(湯浅エムレ秀和, 2012년 입학, KPMG 컨설팅 출신)
- 미즈다 사에코(水田早枝子, 2013년 입학, 외자계 소비재 제조회사 출신)

자비유학생이든 기업 파견 유학생이든 합격기준은 같지만, 자비유학생은 부담을 안고 유학에 도전하는 점이 높이 평가받는다. 이들 다섯 명의 하버드 유학생은 어릴 적부터 생활방식이 남다르긴 했다.

대부분이 장학금을 받고 하버드에서 공부하고 있는 만큼 성적이 좋은 우등생들이었다. 사회인이 된 뒤의 경력도 화려하다. 하지만 그들이 들려준 경험담은 대체로 평범하다. 심지어 '이것이 리더십 경험?' 이라고 고개가 갸우뚱해지는 이야기조차 있다. 나도 어딘가에서 체험한 듯한 이야기도 많다. 그들의 이야기를 통해, '이런 체험을 이런 식으로 전달하면 좋은 평가를 받는구나' 하고 참고로 삼아주기 바란다.

에세이에서는 리더십 경험과 좌절한 경험을 써야 한다. '성취한 일'이나 '성공시킨 일'을 물으면 리더십 경험을 쓰고, 좌절한 경험을 물으면 기본적으로 리더를 지향하며 노력하다가 도중에 실패한 일을 쓴다.

혹시나 해서 미리 밝혀두는데, 여기서 서술하는 에세이나 경험 사례는 내가 취재해서 독자들이 이해하기 쉽도록 상세하게 정리해놓은 것이지, 합격자가 제출한 에세이를 번역한 것이 아니다. 실제로 에세이는 단어 수 제한이 있어서, 간결하게 정리해서 적어야 한다.

합격자 1
스기타 미치코

- 1984년 히로시마현 출생.
- 2001년 히로시마 여학원 고등학교 재학 중 국제교류재단YFU
  고교생 유학 파견 프로그램으로 미국 뉴욕 주 알링턴 고등학교에 유학.
- 2007년 국제기독교대학 교양학부 졸업. 모건스탠리 증권 주식회사
  (현 모건스탠리 MUFG 증권) 입사.
- 투자은행 부문에서 M&A 컨설팅, 자금조달업무에 종사.
- 2010년 국제금융공사IFC 입사. 도쿄 사무소에서 인도와 베트남의
  농림업 사업에 투자.
- 2012년 하버드 대학 경영대학원 입학.
- 2014년 MBA 취득 예정. 풀브라이트 장학생.

하버드에 유학 중인 스기타 미치코는 고등학교 2학년 여름, 국제교류재단^{YFU} 고교생 유학 파견 프로그램으로 뉴욕 주 알링턴 고등학교에 1년간 유학했으며, 그 경험이 삶을 바꿔놓는 계기가 되었다. 스기타는 그전까지 한 번도 외국에 나가본 적이 없었고, 히로시마에서 나고 자라 보통 사람들과 같이 일본에서 교육을 받았다.

"1년 동안 유학을 하면서 세상을 보는 관점과 사고방식을 새롭게 익혔습니다. 유학을 갔던 2001년은 동시다발 테러가 일어난 해였는데, 그때의 유학 경험이 미국이라는 국가에 대해서나 일본인의 정체성에 대해 깊이 생각하는 계기가 되었죠."

귀국한 뒤 스기타는 '일본인으로서 국제적으로 활약하고 싶다'는 뜻을 품고, 국제기독교대학에 진학했다. 대학 시절에는 일미학생회의 Japan-America Student Conference의 실행위원장을 맡아서 열심히 활동했다.

그뒤 대학을 졸업하고 모건스탠리 증권에 취직했다. 투자은행의 업무나 금융 지식을 익힌 다음, 전부터 흥미를 갖고 있던 세계은행그룹의 국제금융공사^{IFC}로 이직했다. 하버드 유학을 생각하기 시작한 것은 IFC에서 해외 프로젝트를 담당하던 때였다.

"워싱턴 본부나 홍콩 사무소의 상사나 선배들이 모두 하버드 등 유명한 학교의 MBA를 취득했더군요. '나도 저런 사람이 되면 좋겠다'는 생각이 절로 드는 멋진 사람들을 많이 만나다보니 자극을 받은 거죠."

이직하고 1년 지나 수험 준비를 시작해서, 2012년에 제1지망으로 하버드 대학 경영대학원에 합격했다. 일본에서 나고 자란 사람은 무척 불리하다는 무렵에 이루어낸 쾌거였다.

스기타는 하버드에 무엇을 어필했을까?

그것은 바로 "제가 하겠습니다!"라고 주저 없이 말하며 손을 번쩍 든 인생이었다.

과제 에세이 설문(2011년 수험생)

1. 당신이 지금까지 성취한 일을 세 가지 적어주십시오. (600단어)
2. 당신이 좌절했던 경험을 세 가지 적어주십시오. (600단어)
3. MBA를 취득하려는 이유는 무엇입니까? (400단어)
4. 우리(입학심사위원회)에게 어떤 질문을 받고 싶습니까? 그리고 그 질문에 답해주십시오. (400단어)

일미학생회의의 실행위원장에 입후보하다

스기타는 이제껏 살아오면서 성취한 일로 다음 세 가지를 적었다.

①모건스탠리 증권의 투자은행 부문에서 근무할 때, 금융위기 직후의 어려운 상황에서도 소수의 동료들과 함께 굵직한 프로젝트를 많이

처리한 일.

②IFC 도쿄 사무소의 첫 주니어 스태프로서 아시아의 투자 건에 관계한 일.

③국제기독교대학 시절에 일미학생회의의 실행위원장을 맡았던 일.

스기타의 세 가지 리더십 경험 중에서도 특기할 만한 것은 일미학생회의의 실행위원장으로 활동한 일이었다.

일미학생회의는 1934년에 발족한 일본 최초의 국제적인 학생교류단체다. 미야자와 기이치 전 총리나 헨리 키신저 전 국무장관 등 일본과 미국 정·재계의 주요 인사들이 학생 시절에 참가했던 단체로 유명하다.

매년 일본과 미국에서 번갈아 개최되며, 양국의 학생들이 약 한 달 동안 공동생활을 하면서 다양한 토론을 통해 서로를 깊이 이해하게 된다. 일본과 미국에서 각각 40명가량만 참가할 수 있기 때문에 필기시험과 면접시험을 통과해야 한다.

스기타는 2004년 대학 2학년 때 처음 참가했다. 그해에는 미국에서 개최되었는데, 호놀룰루에서는 진주만, 샌프란시스코에서는 엔젤아일랜드에 있는 이민구치소 유적지, 워싱턴에서는 제2차세계대전 기념비를 방문했다. 회의 시간에는 과거의 문제뿐만 아니라 현재 벌어지고 있는 전쟁이나 국제문제에 대해서도 토론했다.

스기타는 이때 일미학생회의에 완전히 몰입되어 적극적으로 활동했으며, 3학년 때 실행위원장에 입후보해서 보란듯이 선출되었다.

실행위원장인 스기타는 무엇보다도 먼저 주제를 설정해야 했다. 일본과 미국에서 각각 8명씩 선출되어 구성된 실행위원회에서 토론을 거듭하여, 제57회 일미학생회의의 주제는 '함께 만드는 내일, 전후 60년을 돌아보다'로 결정했다. 그뒤 매주 말에 만나, 일본의 어느 도시를 방문하고 거기에서 무엇에 대해 토론을 할 것인가 등의 프로그램 전반에 대해 실행위원들과 함께 검토를 거듭했다. 한편으로는 자금조달, 참가자 선정, 초청강사 섭외, 사전연수 준비 등도 진행해나갔다.

2005년 여름. 미국에서는 하버드 대학, 스탠퍼드 대학, 코넬 대학 등에서 38명, 일본에서는 국제기독교대학을 비롯해 도쿄 대학 등에서 39명의 학생이 참가했다. 약 80명의 학생들은 시가, 교토, 히로시마, 오키나와, 도쿄를 방문하고, 각지에서 일본과 미국의 역사를 바로보는 회의나 행사에 참가했다.

히로시마에서 태어난 스기타는 히로시마와 오키나와 방문 일정을 놓고 특히 세심하게 계획을 짰다. 전쟁 피해자나 주민들이 참가자 전원에게 가슴속에 담아둔 이야기를 들려주는 시간도 가졌다.

"단순히 자료관 등을 방문하고 끝나는 것이 아니라 의미 있는 방식으로 일본 역사를 미국 학생들에게 알려주고 싶었어요. 전쟁문제를 일미 학생들이 공동의 문제로 인식할 수 있게 하려고 신경을 썼습니다."

히로시마에서는 히로시마 평화기념 자료관을 견학하고, 『맨발의 겐』의 작가 나카자와 게이지中澤啓治에게 강연을 부탁했다. 오키나와에서는 가데나 미군기지나 방공호 유적을 방문하고, 헤노코에서 기지

하버드 합격기준

반대운동을 하던 여성에게도 직접 얘기를 들었다.

스기타는 이때 실행위원장으로서 경험했던 일을 "하나의 국제적인 프로젝트를 리더로서 추진했던 체험"으로 하버드에 적어냈다. 이때의 체험을 통해, 멤버 전원이 같은 지위에 있는 조직에서 리더십을 발휘하는 일이 생각만큼 쉽지 않다는 것을 배웠다.

"학생 조직은 모두 지위가 같습니다. 기업이라면 부장이나 과장 등 직위에 있는 사람들이 통솔해갈 수 있지만, 학교도 다르고 학년도 다른 학생 조직에서는 그렇게 할 수가 없지요. 게다가 전원 무보수로 활동하고 있고요. 이런 조직을 이끌어갈 때는 리더의 인간력과 관계력이 중요하다는 걸 통감했습니다."

스기타가 실행위원장으로서 시행착오를 거듭하면서 특히 주의를 기울인 일은 다음 세 가지였다.

- 멤버 누구나 공평하다고 생각되도록 일을 분담한다.
- 전원에게 나름으로 활약할 '특별한 자리'를 마련해준다.
- 솔선수범해서 부지런히 일한다.

누구나 공평하다고 생각되도록 일을 분담한다는 것은 이를테면 "일본어를 못하는 미국인 학생에게 숙박 장소 수배나 현지 가이드를 맡기지 않는 대신 미국 쪽과 연락하는 일을 맡기는" 식이다.

그리고 일미학생회의에 참가하는 모든 학생에 대한 동기부여를 위해 행사기간 동안 각자에게 '특별한 자리'를 마련해주었다. 일미학생회의에서는 발언을 할 기회가 많아서 실행위원장이 각광을 받기 쉬운데, 스기타는 회의 보고나 방문처에서 하는 인사말 등을 멤버 모두에게 번갈아가며 맡겨 다들 똑같이 주목받을 수 있게 했다.

하지만 최선을 다하더라도 불만은 나오는 법이고, 바라는 만큼 일을 해주지 못하는 사람도 더러 있었다. 그런 문제는 리더인 자신이 전력을 다해 보완해나갔다.

국적이나 사고방식 등 다양한 배경을 지닌 사람들을 이끌어가면서 자신의 리더십을 확인했던 이때의 체험은 스기타에게 특별한 경험으로 남아 있다.

자기 일은 스스로 만든다

스기타가 세계은행그룹의 국제금융공사IFC 도쿄 사무소에 첫 주니어 스태프(학교를 졸업하고 취직한 뒤 1~2년 만에 이직한 제2신졸)로 채용된 일은 사회인이 되고 나서 '성취한 일' 중에서 특히 주목받은 일로 짐작된다. 최근 들어 하버드 졸업생 중에 세계은행그룹에 취직한 이들이 많기 때문이다.

IFC 도쿄 사무소는 1988년 4월에 개설되었지만, 채용된 사람들은 대부분 투자 관련 분야의 경험이나 전문 지식을 지닌 경력자들뿐이었다. 스기타는 전부터 IFC에 관심을 갖고 있었지만, 다른 회사에서 경험을 쌓으며 전문적인 지식을 갖추지 않으면 입사하기 어려울 것이라고 생각했다. 그런데 2010년에 우연히 IFC 웹사이트에서 도쿄 사무소가 처음으로 주니어 스태프 1명을 모집한다는 걸 알았다. 직무 내용은 투자를 위한 재무 분석이나 조사, 개발도상국에 진출하는 일본 기업에 대한 영업 등이었다.

당시 스기타는 모건스탠리 증권의 투자은행 부문에서 일하고 있었지만, 전부터 개발금융 세계에 뛰어들고 싶었던 터라 주저 없이 응모했고, 그 결과 당당하게 합격했다.

그런데 막상 입사는 했지만 스기타의 직위에는 전임자가 없었기 때문에 '여기서부터 여기까지'라고 할 만한 업무가 없었다. 상사는 "손수 일을 찾아서 점점 더 넓혀가주기 바랍니다"라고 말해주는 것이 고작이었다.

"제 일은 제 스스로 만들어야 한다고 생각했습니다. 신입이든 경력자든 상관없이 제가 할 수 있는 일을 하자고 생각했죠."

IFC는 사안별로 움직인다. 스기타는 우선 IFC 내에서 자신이 어떤 사람인지 홍보하기로 했다.

"저는 모건스탠리 투자은행 부문에서 기업가치 산정 등 다양한 업무를 익혔습니다. IFC에서는 투자은행에서 일한 경험을 살려 개발도상국에 대한 투자 건과 관련된 일을 하고 싶습니다."

워싱턴 본부에서 연수에 참가했을 때나 출장자가 일본에 왔을 때 등 기회 있을 때마다 사람들에게 자신이 추진해보고 싶은 일을 이야기했다. 도쿄 사무소의 선배에게 부탁해서 흥미가 있는 프로젝트의 담당자를 소개받기도 했다.

이와 동시에 일본 기업을 찾아가서 영업을 했다. 일본에서는 해외 프로젝트에 대한 융자는 국제협력은행JBIC이 도맡아서 하고 있지만, IFC도 개발도상국의 개발에 공헌하는 프로젝트라면 투자를 할 수가 있다. 도쿄 사무소의 선배 등 모든 네트워크를 활용해서 영업을 했으며, 때로는 아무 연고도 없는 기업에도 다짜고짜 전화해서 면담을 한 적도 있다.

이런 노력이 결실을 맺어 입사한 지 1년 만에 인도의 관개설비 제조회사나 베트남의 합판공장에 대한 투자 건에 참가할 수 있었다.

인도에는 직접 가서 투자한 기업의 공장을 시찰했다. 자신과 관련된 투자 건이 구체화된 점이 기뻤지만, 한편으로 개발도상국에 투자하는 일이 쉽지 않다는 점도 절실하게 느꼈다. 개발도상국은 잠재고객의 수가 많으며 비즈니스가 급성장할 가능성도 크지만, 인프라가 부족하고 정치가 불안정해서 어떤 투자에도 위험이 따른다.

"제로 상태에서 제 일을 만들어낸 과정을 솔직하게 에세이로 썼습니다. IFC에서 일한 2년 동안 개발도상국에 투자를 해서 국제개발에 관여한 일을 자랑스럽게 생각하고 있지만, 동시에 '저의 능력을 좀더 높이면 한층 더 좋게 해낼 수 있겠다'는 생각이 강해졌습니다. 그것이 MBA를 지원하게 된 계기입니다. 이런 마음도 에세이에 표현했습니다."

자신의 일을 스스로 만들어내는 것도 리더십인 것이다.

⬛ 설령 실패하더라도 "제가 하겠습니다"라고 계속 손을 든다

화려한 경력을 지닌 스기타이지만, 하버드에 합격하기까지는 사실 수없이 좌절했다. 스기타가 하버드에 이야기한 좌절 경험은 다음 세 가지였다.

①모건스탠리 증권의 투자은행 부문에 근무할 때, 일에 쫓겨 살면서 자신이 무엇을 위해 일하고 있는지를 놓치고 지쳐버린 일.

②모건스탠리 증권에서 일할 때 동료들과 함께 프로보노 단체를 설립했는데, 설립 목적을 이루지 못한 일(프로보노란 공공선公共善을 뜻하는 라틴어 'pro bono publico'에서 온 말로, 일을 통해 익힌 지식이나 전문기술을 이용해 사회에 공헌하는 것을 뜻한다—옮긴이).

③대학 시절에 모던댄스 서클의 리더를 중도에 그만두게 된 일.

스기타는 어렸을 때부터 '손을 번쩍 들면서' 살아왔다고 한다.

"저는 '아무도 할 사람이 없으면 제가 하겠습니다!' 하며 나서는 성격입니다. 그래서 일미학생회의와 같이 잘 풀릴 때도 있었지만, 반대로 실패를 맛본 경우도 심심찮게 있었죠."

그 대표적인 예로 서클에서 실패한 일을 적었다.

국제기독교대학에서 스기타는 1학년 때부터 '모던댄스 소사이어티'라는 대학공인서클에 참가해서 2학년 때부터 회장직을 맡았다. 일주일에 두세 번 모여 모던댄스나 컨템포러리댄스를 연습하고, 1년에 세 차례쯤 공연을 해서 그동안의 성과를 발표하는 등 본격적으로 활동하는 서클이었다.

가입 초기에 스기타는 적극적으로 활동했다. 그런데 2학년이 되고 일미학생회의에 참가하게 되면서부터 모던댄스의 정기연습에 동참할 수 없게 되어버렸다.

"이런 팀으로 해요, 이런 연습을 해요 하며 이런저런 대화를 나누는 자리에 참가할 수 없게 된 것이죠. 회장으로서 대외적인 일만 처리해나가면 된다고 자기 합리화를 하기도 했고요. 가끔 연습에 참가하면 제가 팀에 폐를 끼치는 것 같아서 무척 미안했습니다."

그래서야 리더의 역할을 제대로 해낼 수가 없다. 일미학생회의에 참가한 지 몇 개월 뒤인 2004년 가을, 회장을 교체해달라고 청했다.

"리더에 입후보하는 데는 강한 책임이 따른다는 사실을 통감했습니다. '제가 하겠습니다' 하고 나선 이상, 책임지고 해내지 못하면 오히려 신뢰를 잃고 만다는 사실도 배웠습니다. 멤버들의 기대를 저버렸기에 리더로서 실격이었고, 한 번 잃은 신뢰는 좀처럼 되찾을 수 없다는 것도 깊이 깨달았죠."

이런 실패 경험에서 배운 점을 하버드에서 솔직하게 밝혔다.

그뒤 스기타는 일미학생회의에 몰두했고, 리더에 입후보할 때는 역할을 확실하게 해낼 수 있는지 신중하게 생각하고 나서 손을 들었다고 한다. 대학 3학년 때 실행위원장에 선출되자, 모든 힘을 이 활동에 쏟기로 결심하고 성공적으로 이끌어나갔다. 리더로서 성장하는 과정에서 겪은 좌절은 높이 '평가받게' 마련이다.

프로보노 단체에서 좌절한 경험을 통해 목표의 중요성을 배우다

또하나의 좌절 경험으로 쓴 것은, 2009년에 개발 지원을 목적으로 하는 프로보노 단체를 설립하면서 겪은 일이었다. 광고대리점이나 경영컨설팅 회사에서 일하는 친구들에게 연락한 결과, 15명 이상이 멤버로 모였다.

'이렇게 우수하고 멋진 사람들이 결집하면 분명 성공적으로 해나갈 수 있을 거야'라고 생각했다.

이 단체에서 어떤 개발 지원을 해나가면 좋을까? 스기타는 단체의 기치를 멤버 전원과 상의해서 결정하려고 했다.

"모두가 할 수 있는 일을 해야만 개개인의 지식이나 기술을 살릴수 있을 걸로 생각했죠. 이 단체에서 해야 할 일은 주말에 정기적으로 모여 토론을 통해 서서히 결정해가면 된다고 봤습니다."

그런데 주말에 회의를 하면 도무지 의견이 맞지를 않았다. 제각각 '자신은 이런 일을 할 수 있다'고 아이디어를 갖고 모여도, 조직으로서 무엇을 할 것인지가 결정되지 않았다. 모두가 하고 싶은 일은 제각각 달랐다. 이것도 저것도 전부 해내려고 하니 오히려 구체적으로 정해지는 것이 없었다. 이래저래 시간만 보내다보니 회합에 모이는 사람들이 점점 줄어들었다.

"어떤 조직이든 목표가 필요한데 우리는 목표도 없이 조직만 만들었던 셈이죠. 모처럼 모인 멤버들도 무엇을 하면 좋을지 몰라 우왕좌왕했고, 각자의 기술이나 전문성을 살릴 수 있는 기회도 없었습니다. 그러다보니 조직으로서의 활기도 잃어버렸고요."

이 프로보노 단체는 애초의 목적을 달성하지 못하고 사실상 자연적으로 해체되었다.

하버드의 에세이에 스기타는 "조직을 만들 때는 멤버를 모으는 것보다 먼저 '이 조직으로 무엇을 해낼 것인가'라는 목표를 명확하게 제시할 필요가 있다는 점을 배웠다"고 적었다.

회사를 세울 때나 NPO를 설립할 때, 혹은 사내 프로젝트를 기획할 때 가장 중요한 것은 목표를 내거는 일이다. 이것을 스기타는 당시에 실패한 경험을 통해 몸으로 배웠던 것이다.

어둡다고 불평하지 말고 촛불을 켜는 리더를 지향한다

스기타는 하버드를 지망한 이유를 "민간부문 투자나 비즈니스를 통해 지속적인 경제 발전에 공헌하고 싶기 때문에"라고 적었다.

"IFC의 워싱턴 본부나 아시아의 각 사무소에서 일하는 상사들을 마음 깊이 존경했어요. 인격도 훌륭하고 전문적인 기술도 갖추고 있었죠. 그래서 저도 그들처럼 리더십 있는 사람이 되고 싶다는 뜻을 밝힌 것입니다."

하버드의 에세이에서 스기타는 실패한 경험을 포함해서 '자신의 부족한 점'을 솔직하게 털어놓았다. 그리고 그렇게 부족한 자신을 성장시켜줄 곳이 하버드라고 강조했다.

네번째 에세이를 "목적을 달성하는 데 원동력이 되는 것은?"을 주제로 적고, 왜 개발도상국과 관련된 비즈니스에 관심을 갖게 되었는지, 왜 공공부문이 아니라 민간부문의 비즈니스가 국제개발로 이어진다고 판단했는지, 그리고 자신의 꿈을 이루기 위해 어떤 결단이나 도전을 해왔는지에 대해서 적었다.

히로시마현에서 태어난 스기타는 중학교 시절에 홈스테이를 한 필리핀에서 빈부의 차이를 눈으로 직접 보면서 개발도상국에 관심을 갖게 되었다. 그리고 훗날 국제관계에 관한 일을 하겠다는 뜻을 품고 고등학교 시절에 미국으로 유학을 가서 영어 능력을 키웠고, 대학에서는 경제학을 전공했다. 단지 빈곤을 없애고 싶다는 마음만으로는 아무것도 바꿀 수 없다는 사실을 깨닫고, 자신이 할 수 있는 일이 무엇인지 고민한 끝에 모건스탠리, IFC 같은 금융기관에서 일하는 길을 선택하고 경험을 쌓아왔다.

"제 안에 있는 정열이 하나의 선으로 연결되도록 적었습니다. 일본인 수험생 중에는 국제개발에 관심을 가진 사람이 수두룩합니다. 그렇게 많은 사람들 중에서 제가 두드러져 보이게 하려면 어떻게 해야 좋을지 고심했던 것이죠."

스기타가 좋아하는 말 중에 "어둡다고 불평하지 말고 촛불을 켜라 Better to Light a Candle Than Curse the Darkness"는 격언이 있다.

"이상과는 거리가 먼 세상이지만 그래도 그 안에서 나름대로 촛불을 켜는 작업은 한없이 즐거운 일이라는 것을 일미학생회의 활동이나 IFC 재직 때 배웠습니다. 또 하버드에서 공부하면서 개발도상국뿐만 아니라 일본에도 문제가 산적해 있으며, 제가 그런 문제를 해결하는 데 기여하는 일에 강한 정열을 지니고 있다는 것도 깨달았습니다. 하버드를 졸업한 뒤에도 항상 문제의식을 갖고 행동하는 사람이 되고 싶습니다."

물론 하버드가 요구하는 인재는 어둡다고 불평만 하는 사람이 아니라 스기타와 같이 솔선해서 촛불을 켜는 사람이다.

해외 경험 1년으로 합격할 수 있는 영어 능력 갖추는 법

하버드에 합격한 이들을 만나보면 한결같이 영어가 원어민 수준이었다. 이는 일본인뿐만 아니라 다른 나라에서 온 학생들도 마찬가지였다. 중국인이든 한국인이든 인도인이든 대부분이 미국 국적이 아니어도 미국에서 교육을 받고 자랐다.

그러나 스기타는 고등학교 시절에 미국에 1년 동안 유학한 경험만으로 합격한 소수파다. 스기타는 어떤 식으로 영어 공부를 했을까? 다음 네 가지가 큰 도움이 되었다고 한다.

- 부모가 민박집을 운영하며 해외에서 온 유학생을 받아들였기에 자연스럽게 영어를 배울 수 있는 환경이었다.
- 고등학교 시절, 미국에 1년간 유학했다.
- 국제기독교대학에서 다양한 영어 수업을 신청해서 공부했다.
- 모건스탠리 증권과 IFC에서 업무상 영어를 사용할 기회가 많았다.

사실 히로시마현은 평화학습 등을 위해 매년 해외로부터 많은 유학생을 받아들이고 있다. 연간 3,000명 가까운 유학생이 히로시마현에서 배우고 있으며, 외국인 인구 비율이 전국 평균보다 낮은 현 중에서도 유학생 비율이 상대적으로 높은 현으로 유명하다. 스기타의 집에도 미국인, 호주인, 방글라데시인 등이 홈스테이를 했으며, 그중에는 1년 동안이나 머무른 유학생도 있었다고 한다. 이렇게 부모가 적극적으로 유학생을 받아들여 어릴 적부터 영어를 듣고 말할 수 있는 환경을 만들어준 것이 큰 도움이 되었다.

그런데도 고등학교 때 미국에 유학했을 때 영어를 생각만큼 잘하지 못해 애를 먹었다. 특히 자신의 의견을 좀처럼 표현할 수 없었다. 하지만 스기타는 시행착오 끝에 요령을 익혔다.

"퍼블릭 스피킹(사람들 앞에서 말하는 실습) 수업을 들었을 때의 일입니다. 저는 미국인처럼 머릿속의 생각을 유창하게 말로 표현할 수가 없었기 때문에 콘텐츠로 승부를 보자는 생각을 했습니다. 지금도 원어민에 비하면 영어를 말하는 속도가 좀 느린데, 그 대신 단순한 표현으로 의미가 있는 말을 하려고 합니다. 설령 문법적으로 틀린 문장이 되더라도 최선을 다해 의미가 전달되도록 노력하죠."

하버드 면접에서도 이 방침을 지켜서 성공했다. 외국에서 생활한 경험이 1년밖에 안 되기 때문에 면접에서는 영어 발언 능력을 엄격하게 체크하지 않았을까 하고 스기타는 짐작한다.

하버드는 완벽한 발음으로 말할 수 있는 사람이 아니라 영어로 적확하게 의견을 내놓을 수 있는 사람을 원한다. 또한 미국 체재 기간이 긴 '미국인 같은 유학생'만 합격시키면 디버시티 관점에서도 바람직하지 않다. 일본에서 태어나 일본에서 자랐어도 영어로 자기 의사를 분명하게 말할 수 있는 사람이라면 하버드에 합격할 확률이 높은 것은 사실이다.

다만 대학까지 줄곧 일본에서 교육을 받은 사람은 에세이나 시험 점수 등을 통해 다른 수험생에 비해 절대 뒤지지 않는 영어 능력과 논리력을 갖추고 있다는 점을 보여줄 수 있도록 노력해야 한다. 스기타는 말한다.

"영어에 대해서 말하자면, 일단 면접에서 내용이 있는 토론을 할 수 있도록 주의했으며, GMAT에서도 높은 점수를 얻기 위해 꾸준히 공부해왔습니다. 해외 경험이 적은 사람은 시험 점수도 철저하게 확인한다고 생각했기에 남보다 더 열심히 했죠."

GMAT에서 높은 점수를 받기 위해 스기타는 주말 등에 집중적으로 시간을 내서 과거에 나온 문제를 반복해서 풀어보거나 영단어를 반복해서 외웠고, 난해한 영어 문장을 짧은 시간 내에 파악하는 연습을 꾸준히 해나갔다.

　　하버드의 입학심사관은 "시험 점수로 합격을 결정하진 않는다"고 했지만 영어 토론 능력이 약하다는 선입견을 부담으로 안고 있는 일본인 수험생은 그런 편견을 바로잡기 위해 최대한 노력해야 한다.

합격자 2
미야케 히로유키

- 1986년 교토에서 태어났다.

- 2003년에 도쿄가쿠게이 대학 부속고등학교 재학 중에 UWC(유나이티드 월드 칼리지) 장학생으로 캐나다의 피어슨 칼리지 고등학교에서 공부했다.

- 2008년 12월 미국 매컬레스터 대학 경제학부를 조기 졸업했다.

- 2009년 매킨지&컴퍼니 일본 지사에 입사했고, 컨설턴트로서 제약기업의 조직 설계나 식품기업의 전략 책정 등의 프로젝트에 종사했다.

- 2012년 하버드 대학 경영대학원에 입학했고, 2014년에 MBA를 취득할 예정이다.

"저는 다른 일본인 수험생과는 조금 다른 경로로 하버드에 입학했습니다. 매컬레스터 대학에 다닐 때 하버드에 합격했어요."

미야케 히로유키는 2008년 대학 3학년과 4학년 사이의 여름방학을 이용해서 하버드 입학시험을 치르고 그해 9월에 합격했다.

대학을 다니던 21세 때 시험을 쳐서 하버드에 합격했는데, 이런 일본인은 처음이다. 과연 그 비결은 무엇이었을까?

하버드는 2008년부터 대학이나 대학원 재학생을 대상으로 한 '2+2 프로그램'이라는 특별입학 프로그램을 시작했다.

이 프로그램은 4년제 대학이나 대학원에 다니는 학생들에게 미리 하버드 입학시험을 치게 하고 거기서 통과하면 합격통지서만 먼저 보내주는 것인데, 젊고 우수한 학생들을 사회생활에 완전히 물들기 전에 하버드에 받아들이기 위한 제도다.

구체적으로 말하자면, 합격자는 대학을 졸업하고 나서 2년 이상 회사를 다닌 뒤에 하버드에 입학한다. 그리고 2년 뒤에 MBA를 취득하게 되므로, 사회인 경험 2년에 하버드 생활 2년이라서 '2+2'라고 부르는 것이다. TOEFL, GMAT 점수, 에세이 등 시험을 칠 때 제출하는 서류는 일반적인 수험생과 같다. 물론 면접도 있는데 합격기준이 조금 다르다. '학생 시절에 체험한 리더십'이나 학술적인 능력도 철저하게 심사한다.

미야케는 이 프로그램에 처음으로 합격한 일본인이다. 대학을 다닐 때 우연히 동급생한테서 이 제도에 대해 듣고는 가벼운 마음으로 시험을 쳤는데, 일본인 제1호로 보란듯이 합격했던 것이다. 대학을 졸업한 뒤에는 3년가량 매킨지&컴퍼니 일본 지사에서 일했고, 2012년 하버드에 입학했다.

대학에 다닐 때는 경제학자가 될까, 비즈니스 세계로 들어갈까 고민을 했지만, 하버드에 합격한 뒤에는 비즈니스 세계에서 일하기로 결정했다.

고등학교나 대학뿐만 아니라 하버드도 장학금을 받고 유학하고 있는 미야케는 "제가 지금까지 해외에서 교육을 받을 수 있었던 것도 장학금 덕분입니다. 하버드를 졸업한 뒤에는 제가 배운 것을 사회에 환원하고 싶습니다"라고 말했다.

미야케는 2+2 특별입학시험을 칠 때 "자신밖에 쓸 수 없는 일"을 에세이에 적었다. 다른 사람은 이야기할 수 없는 체험을 되도록 구체적으로 썼다.

과제 에세이 설문(2008년 '2+2 프로그램' 수험생)

1. 당신이 지금까지 성취한 일을 세 가지 적어주십시오. 그리고 왜 이 세 가지를 적었는지 그 이유를 적어주십시오. (600단어)
2. 대학에서 공부를 하면서 경험했던 일 중에 입학심사위원회에 말해주고 싶은 것은 무엇입니까? (600단어)
3. 다음 질문 중에서 두 가지를 선택해 대답해주십시오. (각 400단어)
  └ 3-1. 리더십 개발에 결정적 영향을 준 경험에 대해 서술해주십시오. 그

경험으로 드러난 당신의 강점과 약점은 각각 무엇입니까? (미야케 선택)
ㄴ3-2. 문화충격을 받은 경험을 서술해주십시오.
ㄴ3-3. 당신은 미래에 어떤 모습일까요? 그리고 하버드 대학 경영대학원은 당신에게 어떤 의미를 갖게 될까요?
ㄴ3-4. 지구상의 문제 중에서 당신에게 가장 중요한 문제는 무엇입니까? 그 이유는 무엇입니까?
ㄴ3-5. 이 밖에 당신을 이해시키기 위해 입학심사위원회에 이야기하고 싶은 것이 있습니까? (미야케 선택)
ㄴ3-6. 실패를 통해 무엇을 배웠습니까?

이문화 체험이 지금의 자신을 만들었다는 사실을 깨닫다

미야케는 '자신이 성취한 일'로 다음 세 가지를 적었다.

①초등학교 1학년 때 영국의 초등학교로 전학을 갔을 때, 영어를 전혀 몰랐지만 1년 동안 맹렬하게 공부해서 2학년 때에는 성적우수상을 받게 된 일.

②영국에서 귀국하여 일본 중학교로 전학을 왔을 때, 축구부에 들어가 친구를 사귀면서 문화충격을 극복하고 결국에는 졸업생 대표가 된 일.

③대학 시절에 일미학생회의의 미국 쪽 실행부劂위원장을 맡아서 활동한 일.

"어릴 적에는 외국에서 학교를 다녀야 해서 힘들었다", "일본에 귀국했을 때 힘들었다"와 같은 이야기는 대학생이 쓰는 과제 에세이에서 흔히 볼 수 있다. 미야케는 다른 사람과 차별화하기 위해 가급적이면 당시 상황이 구체적으로 머리에 떠오르도록 썼다.

예컨대 영국의 초등학교 1학년 때 영어가 영어로 들리게 된 순간은 이렇게 적었다.

"'It's a bee!'(벌이다!)

교실에 벌이 들어왔을 때 반 친구들이 외쳤다. 그때 처음으로 영단어와 사물이 연결되어 'Bee'가 벌이라는 것을 알았다."

일본에 귀국해서 중학교를 다닐 때는 일본어를 몰랐던 것은 아닌데 일본문화에 어두웠기에 반 친구들이 이야기하는 내용을 도통 몰라서 문화충격에 빠졌다. 만화나 TV 프로그램, 일본어 농담 등을 알아들을 수가 없었다.

미야케는 매컬레스터 대학 시절의 이야기를 각별히 신경써서 적었다. 대학 3학년 때는 일미학생회의의 실행부위원장을 맡았다.

앞에서 소개한 스기타 미치코는 제57회 일미학생회의(2005년) 때 일본 쪽 실행위원장이었는데, 미야케는 그 2년 뒤인 제59회 일미학생회의(2007년) 때 미국 쪽 실행부위원장을 맡아서 활동했던 것이다. 물론 미국 쪽 실행위원회 중에 일본인은 미야케뿐이었다.

제59회의 주제는 '태평양에서 세계로, 글로벌 파트너십의 모색과 차세대의 창조'였는데, 2007년 여름에 도쿄, 아키타, 히로시마, 교토에서 개최되었다.

미야케는 실행부위원장으로서 프로그램 기획, 운영, 자금 조달 등을 담당했는데, 미국에서 문화 교류에 대한 기획을 제안해서 실현할 때 가장 애를 먹었다.

일미학생회의는 일반재단법인 국제교육진흥회가 주최하며 일본 쪽 자금으로 운영되는 조직이다. 미야케를 비롯한 미국 쪽 팀은 "전통유리공예품 제작 등 에도江戶 문화를 체험할 수 있는 행사를 열고 싶다"고 제안했지만 좀처럼 예산이 통과되지 않았다. 이 회의는 학생 교류 행사이기도 해서 예산이 빡빡했다.

"어찌 보면 하찮은 일일지도 모르지만, 미국인이 일본문화를 체험할 수 있는 행사는 꼭 해야 합니다."

"저는 일본인으로서 미국인들에게 훌륭한 일본문화를 체험시키고 싶습니다."

미야케는 이렇게 주장하며 끈질기게 설득했다. 이런 열의에 드디어 주최자도 고개를 끄덕임으로써 마침내 개최할 수 있게 되었고, 그 성과를 리더십 체험으로 적었다.

"이때 학생 신분으로 50대나 60대의 일본인 선배들을 설득해낸 경험을 특별히 강조했습니다. 저는 미국 쪽 대표라고는 하지만 일본인이라서 도리어 나이가 많은 분들을 설득하기가 어려웠는데, 몇 번이고 부탁을 한 끝에 실현시킬 수가 있었죠."

대학생인 미야케는 세 가지의 '성취한 일'을 통해 자신의 정체성을 확립시켜준 이문화 체험을 하버드에 전달했다. 미야케는 일본에서 영국 학교로 전학했을 때, 영국에서 다시 일본 학교로 전학했을 때, 그리고 미국 쪽 학생으로서 일본인과 협상했을 때 자신이 어느 나라 사람인지 고민하게 되는 복잡한 상황을 겪었다.

하버드는 과제 에세이 설문에서 '문화충격'을 묻기도 하듯이, 이문화에 도전한 경험을 중시한다. 다른 문화에 유연하게 대응할 수 있는 사람인가 아닌가는 미래의 글로벌 리더를 선택할 때 반드시 파악해 두고 싶은 점인 것이다.

문제를 재빨리 파악해서 조기에 해결하는 것의 중요성을 통감하다

미야케는 세번째 설문(3-1) '리더십 개발에 영향을 끼친 경험'에 대해서도 일미학생회의 때의 경험으로 배운 점을 적었다.

제59회 일미학생회의는 일본 쪽에서 36명, 미국 쪽에서 36명의 학생이 참가했다. 미국 쪽 실행위원은 미야케를 포함해서 8명이었다. 행사 기간은 2007년 7월 26일부터 8월 20일까지 약 한 달이었다. 도쿄, 아키타, 히로시마, 교토에서 일주일 정도씩 머물면서 특정 주제에 대해 토론하거나 일본문화를 체험하는 프로그램이었다. 미야케는 내셔널리즘에 대해 생각하는 분과회에 참가해서 리더가 되었다. 일본 학생과 미국 학생으로 구성된 분과회는 총 9명이었다.

분과회는 2주째까지는 비교적 순조롭게 굴러갔다. 불협화음이 생긴 것은 3주째였다. 이동이 잦고 분 단위로 쪼개진 빡빡한 스케줄 속에서 미국인이든 일본인이든 모두가 지칠 대로 지쳐 있었다. 그런데 한 여학생이 회의 중에 종종 졸았다. 다들 회의에 집중하지 못한 채, 분위기가 산만했다. 미야케는 회의를 이끌어가던 여학생이 "내가 이렇게 열심히 하는데 왜 조는 거야!"라며 불만을 토로했다는 이야기도 들었다.

팀의 리더로서 어떡하든 이 분위기를 바꿔보려고, 미야케는 졸았다는 그 여학생과 일대일로 만났다.

"회의 중에 늘 졸던데, 왜 그러죠? 피곤한가요?"

그러자 그녀는 뜻하지 않은 말을 했다.

"전 낮에는 잠을 자야 되는 지병이 있어요. 진즉에 얘기를 했어야 했는데, 미안해요."

이때의 체험을 미야케는 '리더십 개발에 영향을 끼친 경험'으로 썼다.

"왠지 모르게 불협화음을 느끼고 있었는데, 왜 좀더 일찍 해결하지 않았던가 하며 후회했죠. 팀원들이 더는 참을 수 없는 상황에 이를 때까지 방치했다가 그룹 전체가 묘한 분위기에 빠지고 말았습니다. 그녀에게 좀더 일찍 사정을 묻고 해결 방법을 찾았어야 했지요."

그 여학생은 지병에 대해 다른 학생들이 알기를 원치 않아서, 회의를 이끌어가던 여학생에게만 개별적으로 말해주었다. 그리고 나서 회의 분위기는 조금 나아졌지만 원래대로는 돌아가지 못하고 그 상태로 전체 스케줄이 끝났다.

미야케는 문제를 조기에 파악해서 해결하는 것이 중요하다는 사실을 배웠지만, 씁쓸한 리더십 경험이었다.

인턴 시험에 불합격한 이유를 일부러 털어놓다

　　두번째 설문인 '대학에서 공부를 하면서 경험했던 일 중에 입학심사위원회에 말해주고 싶은 것'에 대해서는 윤리적인 딜레마로 고민했던 경험을 적었다.

　　보통 이런 설문에는 수업의 일환으로 해외에서 프로젝트를 진행했던 일이나 성적우등생으로 표창을 받은 경험 등 화려한 실적을 적게 마련이다. 그런데 미야케는 윤리적인 딜레마에 빠져서 고민하다가 잘못된 결단을 내린 경험을 적었다.

　　"에세이에는 대개 아름다운 이야기를 적는 사람이 많잖아요? 그런데 좋은 이야기만 쓰다보니 자신에 대한 이야기는 하지 못한다는 생각이 들었어요. 그래서 남들이 문장을 다듬으며 아름다운 이야기를 쓰는 데 치중할 때, 저는 내면적인 이야기를 썼습니다."

　　미야케는 매컬레스터 대학에서 회계학 수업을 들을 때 윤리적인 딜레마로 갈등을 겪었다. 이 수업에서는 팀을 이뤄 숙제를 해서 제출해야 했기 때문에 미야케도 어떤 여학생과 손을 잡았다. 그런데 이 여학생은 회계라면 질색을 했다. 게다가 노력하는 모습조차 보이지 않았다. 그녀는 말하자면 '프리 라이더'(팀별 프로젝트에서 아무것도 하지 않은 채, 우수한 팀원이 해놓은 결과에 따라 성적은 똑같이 받는 사람)였다. 거의 모든 숙제를 미야케 혼자서 짊어지게 되었다. 솔직히 과제물 제출자 칸에 그녀 이름을 넣는 게 싫었지만, 규정상 그렇게는 할 수 없는 노릇이었다.

'염치가 있으면 조금이라도 도와줘야 하는 거 아냐?'라며 타박이라도 하고 싶었지만, 그녀는 회계에 까막눈이었다.

'말해봤자 소용이 있나. 이런 학생과 한 팀이 되다니, 운도 없지……'라며 마음을 달랠 수밖에 없었다.

회계학 수업에서는 미야케 외에도 프리 라이더 때문에 힘들어하는 학생이 여럿 있었고, 점점 불만이 고조되고 있었다. 이런 분위기를 눈치챈 교수는 학기가 끝나갈 무렵에 뜻밖의 말을 했다.

"자신의 짝을 A(우), B(양), C(가)로 평가해주세요. 그리고 그 평가를 당사자에게 보여준 뒤 제출해주세요."

미야케는 고민을 하지 않을 수 없었다. 미국 대학에서는 성적이 매우 중요하다. 대학원 진학이나 취직에 큰 영향을 끼치기 때문이다.

'C를 주진 못하겠고 최소한 B는 주자'라고 마음먹었는데, 이것을 본인에게 보여줘야 한다는 생각을 하자 마음이 흔들렸다. 갈등 끝에 미야케는 그녀에게 A를 주었다. 물론 그녀로부터의 평가도 A였으며, 그 자리에서는 별 문제가 없었다.

이 결단을 '잘못되었다'고 가르쳐준 사람은 어떤 투자은행의 채용 담당자였다. 미야케는 대학 3학년 때 인턴 시험을 쳤는데, 그때 전화 인터뷰에서 "요즘 어떤 수업을 듣고 있나요?"라는 질문을 받았다. 채용 담당자는 우연히도 매컬레스터 대학의 선배였다.

"회계학 수업을 듣고 있는데, 저 혼자 팀 숙제를 죄다 해야 해서 여간 힘든 게 아닙니다."

미야케는 짝이 전혀 도와주지 않는 상황을 설명했다. 그리고 상호 평가에서 윤리적으로 옳은 일인지 아닌지 고민했지만 최종적으로 그녀에게 A를 주었다고 말했다.

그러자 채용 담당자는 이렇게 말했다.

"B라고 생각했는데 B를 주지 않은 것은 인테그리티상 문제가 있네."

'인테그리티'란 직업윤리나 리더로서의 청렴함을 가리킨다. 당시 미국의 금융업계에서는 분식결산이나 부정회계 문제가 꼬리를 물고 발생해서 투자은행의 직원에게도 인테그리티를 엄격하게 요구하고 있었다.

이 경우 'B를 주지 않고 A를 준 사람'은 "상사나 동료가 윤리적으로 올바르지 않은 일을 해도 상사나 동료를 생각해서 모르는 척하거나 회사에 말하지 않는 사람"과 마찬가지가 된다.

미야케는 결과적으로 이 회사에서 인턴으로 일할 수가 없었다.

"제 능력이 부족했다는 이유가 아니라 인테그리티 문제로 채용되지 못한 것이 상당히 억울했죠. 하찮은 일일지도 모르지만, 저에게는 중요한 일이었기에 에세이로 쓴 것입니다."

고등학교, 대학교, 대학원에서 모두 장학금을 받다

세번째 설문(3-5) "이 밖에 입학심사위원회에 이야기하고 싶은 일"은 캐나다의 고등학교와 미국의 대학교를 장학금을 받으며 다닌 일을 적고, 그 교육에서 얻은 지식을 사회에 환원하는 것이 자신의 할 일이라고 적었다.

"미국에서는 흔히 인생의 3분의 1은 '배우고', 3분의 1은 '일하고', 그리고 마지막 3분의 1은 '사회에 환원하는' 데 쓰라고 하는데, 저는 장학금으로 교육을 받은 점에 감사하고 있습니다. 그래서 제가 받은 은혜를 하버드를 졸업한 후에 어떤 식으로든 사회에 환원하고 싶습니다."

참고로, 미야케는 하버드 역시 대학 쪽에서 주선해준 장학금으로 다니고 있다. 하버드의 수업료는 연간 약 6만 달러이다. 졸업하기까지 2년 동안 생활비까지 합치면 20만 달러 정도가 든다. 다만 하버드는 다른 대학에 비해 학생들에게 재정 지원을 많이 해준다. 유학생을 포함해서 65%의 학생이 장학금 등 각종 지원을 받고 있다.

"합격하고 나서 대학 쪽에 상담을 했더니 마치 자기 일처럼 나서서 장학금 등을 찾아주었어요. 미국 대학은 학비가 비싼데, 하버드는 금전적인 지원을 많이 해주더군요."

이와 같이 미야케는 고등학교, 대학교, 대학원을 모두 장학금을 받으며 다녔는데, 물론 장학금이 저절로 굴러들어온 것은 아니다. 장학금을 받기 위해 남보다 더 노력했다. 고등학교에 유학하기 위해 응모한 UWC(유나이티드 월드 칼리지) 장학금은 도쿄에 있는 브리티시 카운슬(영국의 국제 문화교류 기관) 등에 다니며 어렵게 알아낸 장학금이었다. 고등학교 시절에는 장학금을 알아보려고 유학 관련 잡지를 눈에 불을 켜고 훑었다.

내 경험으로 말하자면, 이런 장학금은 거의 홍보를 하지 않아 이 잡듯이 뒤지지 않으면 찾아낼 수 없다. 설령 힘들게 찾아내도 몇 명에게만 주어지기 때문에, 수급자가 되기가 이만저만 어려운 게 아니다.

미야케는 타의 추종을 불허할 만큼 성적이 뛰어났고, 평소에 품고 있던 일본 사회에 대한 문제의식을 면접 때 보여준 덕분에 장학금을 손에 넣을 수 있었다.

"보통은 도쿄가쿠게이 대학 부속고등학교에서 도쿄 대학으로 진학하는 경우가 많습니다. 그런데 그런 길은 인생의 앞날이 빤히 보이는 듯해서 싫었습니다. 일본의 주입식 교육도 못마땅했고요. 남들과 똑같은 길을 걷기가 싫어서 고등학교 때부터 제 힘으로 유학을 갔던 것입니다."

하버드는 고등학교 때부터 주체적으로 삶을 개척해온 미야케의 삶을 높이 평가하고 대학 재학 중임에도 불구하고 합격통지서를 보내주었는지도 모른다. 매컬레스터 대학을 졸업한 뒤 미야케는 매킨지&컴퍼니 일본 지사에 입사하여 컨설턴트로서 제약회사의 조직 설계나 식품 기업의 전략 책정 등의 프로젝트에서 활약했다. 하버드를 졸업한 뒤에는 미국에 잠시 남아 일하다가 가까운 시일 안에 일본으로 돌아갈 예정이라고 한다.

"금융을 통해 일본의 비즈니스를 바꾸고 싶은 마음은 지금도 변함이 없습니다. 하버드 선배인 미키타니 히로시나 난바 도모코와 같이 이노베이션을 일으키는 리더에게 조금이라도 다가설 수 있으면 좋겠다는 생각을 갖고 있습니다."

발전 중인
2+2 프로그램

　미야케 히로유키가 21세에 합격한 '2+2 프로그램'은 4년제 대학 또는 대학원 석사과정에 재학 중인 학생을 대상으로 실시하는 하버드 특별입학 프로그램이다. 미야케는 2008년부터 시작된 이 프로그램의 제1기생이며, 물론 일본인으로는 처음 합격했다.

　제1기생으로 하버드에서 공부하면서, 미야케는 이 프로그램은 아직 학교로서도 실험 단계에 있는 것이 아닐까 생각하고 있다.

　"저희가 합격했을 때는 하버드에서 여름 합숙과 같은 교류회를 열어주어서, 2+2 프로그램의 동료들끼리 입학 전에 사이가 가까워질 수 있었습니다. 지금은 이런 입학 전 프로그램이 없는 모양입니다."

　2+2 프로그램의 합격자가 입학 전에 결속을 다지다보니 보통의 합격자들과 틈이 좀 생겼기 때문이라고 한다. 또 이 프로그램에는 긍정적인 면과 부정적인 면이 있다고 분석한다.

　"긍정적인 면은, 이 프로그램으로 입학한 사람들 중에는 개성이 강한 인재가 많다는 점입니다. 친한 동급생 중에는 미대 출신 디자이너도 있고, 인도 공과대학 출신으로 창업에 두 번 실패하고 실리콘밸리에서 일했던 사람도 있습니다. 이런 유형은 종래의 하버드 학생들에게서는 보기 힘들죠."

　부정적인 면은 하버드에 입학하기 전인 22세부터 24세까지 2년 동안 취업 경험을 쌓아야 한다는 점이었다.

　"어차피 하버드에 들어가게 될 텐데 하는 안일한 마음으로 보낼 2년과, 사회인으로서 첫 출발점이니 죽기 살기로 일할 2년 중 어느 쪽이 더 좋은 걸까 생각했던 적이 있습니다."

하버드는 2+2 프로그램이 일정한 성과를 올리고 있다고 보고, 2014년에도 많은 미국 내 유명 대학을 방문하여 설명회를 열고 있다.

하버드의 웹사이트에 따르면〈표 2〉, 2014년 9월에 2+2로 입학하는 학생 수는 107명이다. 하버드는 1학년이 900명이라서 대략 10%가 이 프로그램으로 입학했다고 볼 수 있다. 응시자는 1,235명이며 합격률은 9%다. 일반적인 시험보다 들어가기가 어렵다(하버드 전체의 합격률은 12%). 여성이 40%이며 미국 이외의 나라에서 온 유학생이 30%이다. GMAT의 평균점은 740점(800점 만점)이며, GPA(대학 시절의 성적 평균)는 4점 만점에 3.78점이다. 요컨대 성적이 거의 올A인 사람들뿐이다. 전공은 STEM(기초과학, 테크놀로지, 공학, 수학)이 64%, 경제·경영이 19%, 인문·사회가 17%로, 압도적으로 이공계를 중시한다.

'2+2 프로그램'은 수험 시기가 다를 뿐 그 밖에는 전부 같다. TOEFL, GMAT의 점수는 필수이며 과제 에세이, 추천장 등 응시 서류도 같다. 당연히 면접도 있다.

〈표 2〉 하버드 대학 경영대학원 2014년 입학자의 프로필(2+2 프로그램)		학생 수	%	점수	출신교	출신국
개요	수험자 수	1,235명				
	합격자 수	107명				
	합격률		9%			
	여성		42%			
	유학생		33%			
	출신국 수					19개국
GMAT, 대학 시절의 성적	GMAT 점수			660~790점		
	GMAT 평균점			740점		
	GPA(대학 시절의 성적) 평균점*			3.78점		
대학에서의 전공, 출신대학 수	이공계(STEM)		64%			
	경제·경영		19%			
	인문·사회		17%			
	출신대학 수				48개교	

* 1단위 4점 만점으로 환산. 4단계 평가 이외의 대학은 제외한다.
출처 http://www.hbs.edu

합격자 3
모리타 유리카

- 1985년 도쿄에서 태어났다.
- 2002년 쓰쿠바 대학 부속고등학교 재학 중에 AFS(국제적인 교류 봉사 조직) 교환 유학 프로그램으로 미국 메인 주 뱅고르 고등학교에 유학했다.
- 2004년 미국 하버드 대학에 입학했다.
- 영국 런던 스쿨 오브 이코노믹스LSE에서 유학한 뒤, 2008년 하버드 대학(경제학 전공)을 졸업했다. 같은 해에 시티그룹 증권에 입사했다. 도쿄, 홍콩, 싱가포르 등에서 아시아 법인을 상대로 상업용 부동산론 담보 증권, 원자재 파생상품 등 금융파생상품 판매에 종사했다.
- 2012년 하버드 대학 경영대학원에 입학했으며, 2014년 MBA를 취득할 예정이다.

모리타 유리카는 미국 하버퍼드 대학을 다닐 때 구미의 경영대학원에서 MBA를 취득하자는 생각을 했다. 그때는 하버드를 목표로 생각한 것은 아니었고, 막연하게 미국이나 유럽에 있는 경영대학원에 가고 싶다는 생각을 했을 뿐이었다.

대학 1학년 여름에 인도네시아의 족자카르타에서 인턴십을 한 것이 MBA를 꿈꾼 계기가 되었다. 모리타는 Sanggar Anak Alam (SALAM: 아이들을 위한 자연의 집)이라는 NGO의 스태프로 약 2개월 반 동안 현지 아이들에게 영어와 일본어를 가르쳤다. 하지만 그때 자신이 그곳 아이들에게 언어를 가르친다고 해도 현실적으로 그들의 상황이 당장 개선될 수는 없으리라는 점을 실감했다.

그래서 "지속 가능한 사회적 유동성을 창출하는 시스템을 구축하여 개발도상국의 발전에 기여하고 싶다"는 생각을 갖게 되었다.

모리타는 대학 전공을 의학에서 경제학으로 바꿨다. 졸업한 뒤 몇 년 동안 일한 다음 경영대학원에 진학하자고 결심하고 GMAT 공부를 시작했다.

"취직하면 시험공부를 할 시간이 없으리라고 생각해서 대학 재학 중에 GMAT 시험을 쳐두자고 계획을 짰죠. 시험 점수는 5년 동안 유효하잖아요."

대학을 졸업한 뒤 도쿄 시티그룹 증권에 취직했다. 가까운 장래에 개발도상국 지원 업무에 종사하려면 금융 지식을 쌓아야 했기 때문이다. 2~3년 근무하다가 경영대학원에 진학할 생각이었지만, 아시아 리더십 프로그램의 파견자로 발탁된 것이기도 해서 총 4년간 아시아의 여러 나라에서 근무했다. 그런 뒤 2012년에 하버드 대학 경영대학원에 진학했다.

모리타는 하버드에 어떤 리더십 체험을 이야기하고 합격했을까? 그것은 바로 고등학교 때까지 일본에서 생활하면서 스스로의 의지로 유학을 가고, 20대의 대부분을 해외에서 보내면서 쌓은 놀랄 만큼 풍부한 국제경험이었다.

과제 에세이 설문(2011년 수험생)

1. 당신이 지금까지 성취한 일을 세 가지 적어주십시오. (600단어)
2. 당신이 좌절했던 경험을 세 가지 적어주십시오. (600단어)
3. MBA를 취득하려는 이유는 무엇입니까?. (400단어)
4. 우리(입학심사위원회)에게 어떤 질문을 받고 싶습니까? 그리고 그 질문에 답해주십시오. (400단어)

미국 대학에서 학생단체를 설립하다

모리타는 리더십을 발휘한 성과로서 다음 세 가지 실적을 말했다.

①하버퍼드 대학 시절, 아프리카 수단에서 자행된 제노사이드(집단살육)에 항의하는 학생단체를 설립한 일.

②시티그룹 증권 재직 중 도쿄에서 아시아로 파견되는 최초의 사원이 되어, 도쿄와 아시아의 오피스를 연결하는 인적 네트워크 및 시스템을 구축한 일.

③시티코프 투자은행(싱가포르)에서 고객의 피드백을 토대로 금융파생상품의 판매 시스템을 개선한 일.

이 가운데서도 특히 미국 대학에서 영어도 아직 서투른 1학년 때 제로 상태에서 학생단체를 설립한 일은 주목받을 만했을 것이다.

"수단의 다르푸르 내전 때 제노사이드가 자행된 사실을 펜실베이니아 대학의 컨퍼런스에서 알게 되었습니다. 국제문제에 대해 너무 무지했구나 하고 깨닫게 되자 가만히 있지를 못하겠더군요. 그래서 수단의 상황을 좀더 알아보고 싶어서 학생단체를 설립한 거죠."

모리타는 하버퍼드 대학에서 사회정의와 국제분쟁에 관한 수업을 다양하게 들었지만, 이 컨퍼런스에서 생생한 보고를 듣고 비디오를 본 것이 계기가 되어 학생단체를 만들 결심을 했다.

"주최자는 워싱턴 D.C.의 홀로코스트 기념박물관이었습니다. '학생이라도 이런 일을 할 수 있습니다'라는 말이 강하게 마음에 꽂힌 것이죠."

하버퍼드 대학은 미국의 리버럴 아츠 칼리지(학생 수가 많지 않고 교양과 사고력을 기르는 교육을 실시하는 대학) 중에서도 학생들에게 지구

차원에서 사회문제를 생각할 기회를 제공하는 곳으로 유명하다. 교내에 '평화와 지구시민 센터'라는 전문기관이 있으며, 학생들은 세계 곳곳에서 봉사 활동이나 개발도상국 지원 활동을 할 수가 있다.

이런 하버퍼드 대학의 교풍에도 영향을 받은 모리타는 2005년 다섯 명의 친구들과 함께 '제노사이드에 반대하는 학생들'이라는 단체를 설립했다. 그해 3월에는 사흘 동안 홍보 행사나 심포지엄을 개최했다.

심포지엄에서는 국경 없는 의사회의 멤버나 주미 르완다 대사 같은 전문가를 초대하여 생생한 정보를 들었다. 행사 때는 녹색 고무 팔찌를 판매하는 한편, 옥외에 텐트를 치고 난민 캠프를 재현했다. 이런 '제노사이드에 반대하는 학생들'의 활동은 학내 언론에서도 크게 다루어졌다.

모리타는 이 실적을 '자신이 성취한 일'로서 하버드에 소개했는데, 동시에 자신이 실패한 일도 솔직하게 써넣었다. 수단의 상황을 좀더 많은 학생들에게 알려야 한다는 생각에 홀로 내달린 결과, 단체 분위기가 크게 나빠졌다고 한다. 때로는 짜증을 내면서 멤버들에게 일을 부탁하는 경우도 있었다.

"'유리카 이 사람, 무서운 사람이네'라는 말을 들었을 때는 큰 충격을 받았어요. 그럴 의도는 전혀 없었는데 말이에요. 에세이에는 여럿이서 목표를 달성하려면 좀더 깊이 고민해서 행동해야 한다는 점을 배웠다고 적었습니다. '교각살우'란 바로 이런 경우에 해당되지 않을까요?"

하버드 합격기준

이런 일을 해냈다고 자랑하기는 쉬운 법이다. 반대로 달성한 일 중에 굳이 실패담을 토로하는 데도 용기가 필요하다. 모리타는 다른 나라에서, 더구나 19세에 학생단체를 설립한 체험을 실패담과 함께 솔직하게 밝힌 것이 높이 평가받았는지도 모른다.

아시아 파견자 제1호로서 문제 해결에 도전하다

모리타는 2008년 도쿄 시티그룹 증권에 입사했다. 글로벌마켓 본부의 애널리스트로서 부동산의 증권화나, 기업이 자금조달을 할 때의 구조화금융(증권화, 프로젝트 파이낸스 등 고객의 니즈에 따른 구조를 이용해서 자금조달을 하는 일)을 담당했다.

시티그룹 증권에서 겪은 일에는 아시아 리더십 프로그램에 일본인 제1호로서 파견된 일을 적고, 다음 세 가지 사실을 강조했다.

- 정해진 역할 이상의 일을 해왔다.
- 문제를 발견하고 해결하기 위해 행동해왔다.
- 사내의 부정적인 피드백을 배움의 기회로 바꾸었다.

모리타가 참가한 인재교류 프로그램은 시티그룹 증권이 세계적인 조직개혁을 하면서 시작되었다. 2008년 리먼 쇼크 뒤에 그때까지 다른 시장으로서 관리하던 일본과 호주를 아시아 시장으로 일원화했다. 통합을 해서 금융상품이나 비즈니스 정보를 아시아 전체에서 공유하고 효율화를 도모하려는 것이 목적이었다.

일본의 정보를 아시아에서 공유하기 위해서는 사람을 파견하는 것이 제일이다. 그래서 입사 1년차인 모리타가 지명되었다.

"갑자기 상사한테서 '1년 동안 아시아에 가보지 않겠어?'라는 말을 들었습니다. 시티그룹의 뉴욕 연수에서 일본 이외의 나라에서도 업무를 원활히 수행할 수 있다고 판단되었기 때문에 제가 뽑혔던 것 같습니다."

이 프로그램을 위해서 모리타는 마닐라, 싱가포르, 상하이, 홍콩 사무소에서 연수를 받은 뒤, 2010년 시티코프 투자은행(싱가포르)에 부임했다. 모리타는 금융파생상품 판매를 담당했으며, 주요 고객은 동남아시아와 일본의 투자가였다.

부임한 지 얼마 되지 않아 도쿄 영업부문에서 문제가 발생했다는 보고가 잇따랐다. 모리타는 이때 문제를 해결하는 데 기여했던 일을 에세이에 적었다.

"싱가포르의 상품을 고객이 구입하면 미국, 싱가포르, 도쿄가 연계해서 확인 작업을 해야 됩니다. 그런데 이것이 매끄럽게 진행되지 않아 사무처리 확인이 제대로 되지 않는 경우가 종종 있어서 골치를 썩고 있었지요."

이런 보고를 받고 모리타는 바로 오퍼레이션의 문제라는 사실을 알아챘다.

하버드 합격기준

"그것은 미국, 싱가포르, 도쿄에서 누가 무엇을 할 것인지를 명확하게 규정해두면 되는 문제이니 해결할 수 있을 겁니다. 제가 해보겠습니다."

사안을 조사해서 정리한 결과, 세 나라를 연결하는 시스템은 만들어져 있는데 각 나라에서 누가 무엇을 체크해서 그걸 어디에 보고하는가 등의 오퍼레이션이 명확하지 않다는 사실을 알았다.

그래서 모리타는 '확인체크 목록'을 작성해서 관련국 담당자에게 제안했다. 그럼으로써 싱가포르의 상품을 일본 투자가에게 판매하기 위한 사내 네트워크를 구축할 수 있었다. 맨 처음 도쿄로부터 상담을 받은 지 3개월 만에 문제를 해결했다.

"제가 문제를 발견해서 해결할 수 있는 사람이라는 점, 사내의 피드백을 배움의 기회로 삼을 수 있는 사람이라는 것을 이 건으로 전달했다고 봅니다. 작은 사내 개혁이지만 저로서는 그때 '제가 리더십을 발휘해서 해낸 일'이라고 생각했지요."

'패밀리 가이'를 이해할 수 없는 자신을 극복하다

인생에서 좌절한 체험으로 모리타가 하버드에 전달한 이야기는 다음 세 가지였다. 흔히 좌절한 체험이라고 하면 회사에 들어가서 실패했던 일을 쓰는 경우가 많은데, 모리타는 전부 하버퍼드 대학에서 겪은 일을 적었다.

①하버퍼드 대학에서 미국인 친구를 좀처럼 사귀지 못했다.
②인도네시아 NGO에서 인턴십을 할 때 능력의 한계를 느꼈다.
③경영컨설팅 회사의 호주 지사에 취직시험을 쳤는데 탈락했다.

미국에 유학을 갔는데 영어를 못해 고생했다는 이야기는 이루 헤아릴 수 없이 많지만, 모리타는 '패밀리 가이'라는 애니메이션과 관련된 일을 소개하며 구체적으로 표현했다.

모리타는 쓰쿠바 대학 부속고등학교 2학년 때 처음 미국에 유학했다. AFS(유학생을 받아들이고 파견하는 등 각종 교류 활동을 하는 국제적 봉사 조직)의 교류유학 제도를 이용해서 메인 주의 뱅고르 고등학교에서 1년 동안 공부했다. 그때 미국 대학에 진학하기로 마음먹고, 일본에 귀국해서 고등학교를 졸업한 뒤 2004년 펜실베이니아 주 하버퍼드 대학에 입학했다. 리버럴 아츠 칼리지인 하버퍼드 대학은 대부분의 학생이 기숙사나 대학 소유의 아파트에 거주하며 같은 부지 내에서 생활한다. 모리타도 기숙사에 들어갔지만, 일본인은 자기 한 사람 뿐이었다.

"처음 입학했을 때는 눈앞이 캄캄했어요. 영어도 서투르고 미국인들과 쉽게 친해지지도 못하고……."

이 기숙사에는 휴게실에 TV가 한 대 있었는데, 매주 화요일에는 방과후에 거기에서 '패밀리 가이'라는 애니메이션을 보는 것이 기숙사

학생들 사이에서 유행했다. '패밀리 가이'는 폭스 TV의 성인용 인기 애니메이션이다. 미국의 역사나 풍습을 비꼰 블랙유머가 많아서 미국인 학생들은 깔깔거리며 즐겨 보았다.

몇 차례 미국인 학생들과 어울려서 함께 보았지만, 속어로만 주고받는 내용이라서 전혀 알아듣지 못했으며, 네이티브 아메리칸의 조크나 기독교의 유머도 이해하지를 못했다. 이런 애니메이션이 뭐가 재미있을까 하고 답답해하면서 점차 TV를 보지 않게 되었고 미국인 학생들과도 거리를 두게 되었다. 그 대신에 아시아나 중남미에서 온 유학생들과 친해졌다.

모리타는 당시에 대해 "지금 돌이켜보면 실패한 일이었다"고 하버드에 전달했다.

미국에서 살면서 미국을 이해하려고 하지 않고 자기 안으로만 들어갔다. '난 뭔가가 부족해……' 하며, 다양한 문화를 자신의 일부로 받아들이지 못한다는 사실을 깨달은 것은 몇 달 뒤였다.

"하버퍼드에서는 기초과학, 문학, 인류학을 중심으로 '이 이상은 노력할 수가 없다'고 할 정도로 공부에 몰두했습니다. 그런 교양을 익혀가다보니 친구 관계가 확대되고, 활동 범위도 점점 넓어져가더군요. 그러면서 언젠가부터 '패밀리 가이'가 재미있게 와닿더군요."

하버퍼드 재학 중에 모리타는 4년 동안을 하루 네 시간만 자면서 생활했다. 나머지 스무 시간은 수업, 예습·복습, 동아리 활동이나 학생단체 활동으로 보냈다. 자기 인생에서 가장 열심히 공부하고 활동했던 이 시기가 있었기에 지금의 자신이 있다고 한다. '패밀리 가이'

이야기는, 그렇게 노력한 결과 다양한 문화를 받아들일 수 있게 성장한 자신의 모습을 전달하기 위해 상징적으로 쓴 것이었다.

모리타는 하버드 대학을 최우등 다음의 우등(magna cum laude)으로 졸업했다. 전미 대학 성적우수자로 구성되는 파이 베타 카파^{phi beta kappa} 클럽의 멤버로도 뽑혔다.

좌절을 하나의 계기로 살려서 자신을 탈바꿈시킨 경험은 무엇보다도 설득력을 지니게 마련이다.

▉ 인도네시아에서 하던 NGO 활동에서 자신의 한계를 알다

모리타가 두번째 좌절 체험으로 적어낸 것은 하버드를 꿈꾼 계기가 되기도 했던 인도네시아에서의 봉사 활동 체험이었다. 앞에서 언급했듯이 대학 1년이 끝나고 맞이한 여름방학 때 모리타는 인도네시아 족자카르타에 가서 봉사 활동을 했다.

SALAM은 족자카르타를 거점으로 하는 인도네시아의 대표적 NGO이다. 주로 경제적으로 어려운 환경에 처한 미취학 아동들에게 읽기, 쓰기뿐만 아니라 영어, 음악, 댄스, 그림 등을 가르쳐주고 있다.

SALAM 활동에 참가하면서, 모리타는 자신이 하고 있는 일의 한계를 절실히 느꼈다. 영어는 개발도상국 사람들에게 중요한 재능이라는 점은 틀림없지만, 자신이 두 달 동안 아무리 영어를 가르쳐본들 얼마나 영향을 줄 수 있을까 싶었다.

"아무리 열심히 해도 30명밖에 가르쳐줄 수 없습니다. 게다가 NGO는 기부로 움직이고 있으니 기부금과 설립 목적의 범위 내에서만 활동할 수밖에 없는 현실을 깨달았습니다."

자신이 온힘을 다해 언어를 가르쳐도, NGO가 아무리 돈을 모아서 활동해도, 그들에게 끼칠 수 있는 영향은 부분적이며 제한되어 있었던 것이다.

빈곤층 아이들의 생활환경을 근본적으로 개선하기 위해서는 한층 많은 아이들에게 지속적으로 일정한 수준의 교육을 실시해야 했다. 하지만 농사나 폐품 줍기 등으로 생계를 꾸려가는 가난한 가정에서 아이들은 귀중한 일손이었기 때문에 학교에 보낼 수가 없었다.

아시아 개발은행의 조사 보고(2006년)에 따르면, 인도네시아 인구의 절반 이상이 하루에 2달러 이하로 생활하고 있다고 한다. 1억 2,000만 명이 넘는 사람들이 빈곤 상태에서 생활하고 있는 것이다. 아이들이 안정적으로 교육을 받고 좀더 좋은 일자리를 얻을 수 있는 구조를 만들지 않으면 이 문제는 영원히 해결되지 않는다.

"비즈니스는 잉여 이익을 투자로 돌림으로써 꾸준히 존속할 수 있는 시스템의 전형적인 예입니다. 이런 비즈니스 콘셉트를 이용해서 개발도상국 지원과 관련된 일을 하고 싶다고 생각한 것이 바로 이때였어요. 비즈니스를 활용하면 지속 가능한 구조가 생기고, NGO보다 훨씬 큰 영향을 줄 수 있죠. 이를 위해서 하버드에 가고 싶다는 뜻을 전했습니다."

마지막 에세이는 "당신이 존경하는 인물은 누구입니까? 그리고 그 이유는?"이라는 주제로 썼다.

"'일본인의 정체성을 지닌 글로벌 리더'로서 난민지원 분야에서 활약하고 있는 오가타 사다코緒方貞子의 모습에 강하게 이끌렸습니다. 제가 본받아야 할 리더의 모습을 전해주고 싶은 생각에 오가타 사다코를 적었습니다."

이런 신념은 하버드 졸업을 목전에 둔 지금도 바뀌지 않았다. 2014년의 봄방학 때에는 하버드 실습 수업의 일환으로 말레이시아의 사바 주에서 저비용으로 운영할 수 있는 사립학교 비즈니스 모델 만들기에 참가했다.

하버드를 졸업한 뒤에도, 모리타는 초지일관해서 "지속 가능한 사회적 유동성을 창출하는 시스템을 만들어서 개발도상국의 개발에 기여하고 싶다"는 포부를 갖고 개발도상국의 교육과 관련된 일을 할 예정이다.

하버드로 이끈
아버지의 가르침

일본인 유학생이나 졸업생을 취재해보니, 고등학교 때부터 미국에 유학을 가서 미국 대학을 졸업하고 하버드 대학 경영대학원에 합격하는 사람들이 늘고 있다.

나 역시 고등학교 때는 인터넷이 보급되지 않았으며 AFS, YFU, UWC와 같이 고등학교 때부터 장학금으로 유학할 수 있는 프로그램을 제공하는 단체가 있는지조차 몰랐다. 더구나 나는 지방의 현립 고등학교에 다녔다. 도쿄에 있는 대학에 진학하는 학생도 드물었으니 해외 유학은 꿈도 못 꾸었다. 양친은 일본에서 태어나 자랐고 유학을 한 경험도 없어서, 장학금이라는 것이 있다는 사실도 당연히 몰랐다. "취직하고 나서 회사 돈으로 외국에 나가면 좋겠구나"라는 말을 들으며 자랐다.

그런데 모리타는 양친이 다 AFS 장학생이다. 어머니는 영어 동시통역사이고, 아버지는 일류 전기기기 제조회사에서 해외 비즈니스를 해왔다. 국제적으로 활동하는 부모 밑에서 모리타는 두 살 때부터 영어 영재교육을 받았으며, 중학교에 입학할 때는 원어민과 같은 발음으로 말할 수 있었다. 이런 환경에서 자랐기 때문에 "고등학교 때부터 유학을 가는 것이 아주 자연스런 흐름이었다"고 모리타는 말한다.

2014년 2월 아버지가 갑자기 돌아가셨을 때, 모리타는 새삼스럽게 '부모님 덕분에 하버드에서 공부하고 있는 것이구나'라고 생각하게 되었다.

"아버지가 오랫동안 친하게 지내시던 미국인 친구 분이 아버지 별세 소식을 전화로 알려주셨습니다. 그 친구 분과 가족끼리 친하게 지내서 내가 미국에 대해 친근감을 갖게 된 것 같기도 합니다. 자연스럽게 미국에 살면서 미국에서 공부하게 된 것도 아버지가 저도 모르는 사이에 길을 열어준 덕분이지요."

그 미국인 친구는 모리타의 아버지가 전기기기 제조회사에서 일할 때 미국에서 글로벌 기업과의 비즈니스 협상을 도와주던 변호사였다.

아버지가 가르쳐준 것은 그뿐만이 아니다. 인종, 국적, 종교 등을 넘어서 우정을 나눌 수도 있다는 점을 미국인 친구와 20년 이상 교류하는 모습을 통해 모리타에게 가르쳐준 것이다.

"이문화를 받아들이는 가치관이 제 안에서 뿌리를 내린 것은 아버지 덕분이라고 생각합니다. 하버드 입학시험을 칠 때도 발 벗고 도와주셨고, 합격했을 때도 누구보다 기뻐해주셨습니다. 아버지의 가르침이 있었기에 하버드에 합격할 수 있었다고 생각합니다."

하 버 드 의 합 격 기 준 은 다 음 세 가 지 다 .

1. 리더십 능력
Habit of Leadership

2. 분석력과 분석 욕구
Analytical Aptitude and Appetite

3. 공동체에 대한 공헌도
Engaged Community Citizenship

합격자 4
유아사 에무레 히데카즈

- 1985년 터키에서 태어났다. 아버지는 터키인이고 어머니는 일본인이다.
- 2004년 스위스 구몬公文학원 고등부를 졸업했다.
- 2008년 미국 오하이오 주립대학 경영학부를 졸업한 뒤 딜로이트 토마츠 컨설팅 주식회사, KPMG 매니지먼트 컨설팅 주식회사 (현 KPMG 컨설팅)에서 컨설턴트로 재직하며 PMI(경영통합)이나 해외진출 프로젝트에 종사했다.
- 2012년 하버드 대학 경영대학원에 입학했고, 2014년 MBA를 취득할 예정이다.

터키인 아버지와 일본인 어머니 사이에서 태어난 유아사 에무레 히데카즈는 터키, 스위스, 미국, 일본 등지에서 교육을 받으며 자랐다. 이런 경력과 일본인을 닮지 않은 외모 때문에 일본에서든 미국에서든 '영어 원어민'으로 오해를 받는다고 한다.

그런데 유아사는 부모의 방침으로 일본어를 모국어로 익히며 자랐고, 고등학교 때까지 일본어로 교육이 이루어지는 학교에 다녔다. 터키에서는 초등학교, 중학교와 이스탄불 일본인 학교를 다녔고, 고등학교부터는 스위스 구몬학원 고등부에 다녔다. 미국 대학에 진학하고 나서 처음으로 영어 환경에서 교육을 받았다. 갓 입학했을 때는 영어 수업을 따라가지 못해 은둔형 외톨이가 될 정도로 힘들었다고 한다. 그러나 유아사는 이런 역경을 꾸준히 노력해서 극복했다.

아버지의 일 관계로 주변에 MBA 취득자가 많았던 유아사는 초등학생 때부터 왠지 모르게 MBA를 동경했으며, 'MBA를 취득해서 사장이 되는' 것이 어릴 적부터의 꿈이었다고 한다. 이 꿈을 이루기 위해 미국 대학에 진학하여 경영대학원 수험 준비를 시작했다. 하버드를 본격적으로 꿈꾼 것도 이때부터였다.

일찌감치 GMAT 시험을 치기로 마음을 먹고, 대학 4학년 졸업 직전에 두 달 동안 집중적으로 공부해서 높은 점수를 얻었다. 이 점수가 효력을 잃기 전에 하버드 입학시험을 쳐서 보기 좋게 합격했다.

에세이에는 한눈팔지 않고 목표를 향해 인생을 개척해온 일을 적었다.

"저는 목표를 이루기 위해서라면 '무엇이든 해보자'는 유형입니다. 하버드에 합격하기 위해서도 제가 할 수 있는 일은 모조리 다 했습니다. 때로는 너무 열심히 하다보니 주위에서 눈살을 찌푸리곤 했지만, 열심히 해서 부정적인 결과로 이어진 적은 없었습니다."

유아사가 하버드에 이야기한 '뭐든지 해보는 인생'이란 무엇일까?

과제 에세이 설문(2011년 수험생)

1. 당신이 지금까지 성취한 일을 세 가지 적어주십시오. (600단어)
2. 당신이 좌절했던 경험을 세 가지 적어주십시오. (600단어)
3. MBA를 취득하려는 이유는 무엇입니까?. (400단어)
4. 우리(입학심사위원회)에게 어떤 질문을 받고 싶습니까? 그리고 그 질문에 답해주십시오. (400단어)

대학 시절에 창업해서 연매출 1,500만 엔을 달성하다

유아사는 자신이 성취한 일로 대학 시절에 경험했던 두 가지를 쓰고, 나머지 한 가지는 컨설팅 회사에서 경험했던 일을 적었다.

①대학 시절에 수입 비즈니스 회사를 일본에서 설립한 일.

②대학 시절에 철인3종 경기에서 부문상을 받은 일.

③컨설팅 회사에서 동료들이 모두 기피하던 고객과 적극적으로 의사소통을 해서 좋은 관계를 쌓는 데 성공한 일.

이 가운데서도 특히 인상적이었던 것이 창업 체험이다. 미국에서는 학생 시절에 창업을 생각하는 사람이 많지만, 실제 창업하는 사람은 의외로 적다고 한다. 유아사가 대학 때 창업했던 일은 귀중한 리더십 경험으로서 상당한 플러스 요인으로 작용하지 않았을까.

2004년 오하이오 주립대학에 입학하여 마케팅이나 회계학 등 경영 전반에 관해 배운 유아사는 '배운 지식을 실천해보고 싶다'며 창업 비즈니스 기회를 찾고 있었다.

원래 패션 분야에 관심이 있던 유아사는 당시 미국에서 크게 유행하던 캐주얼계 패션 브랜드인 아베크롬비&피치의 양복을 애용했다. 아직 일본에는 이 브랜드 매장이 없었고, 일본의 팬들은 별도의 경로로 구입하던 시절이었다.

어느 날 유아사는 일본에 아버크롬비 양복을 수입하는 회사를 만들어볼까 생각하고는 시장 조사를 했다. 그런데 아버크롬비의 인기가 높아 이미 많은 수입업자들이 난립하여 시장은 포화상태였다. 결국 이쪽에는 비즈니스 기회가 없다며 등을 돌리려고 할 때, 문득 아버크롬비의 고급 라인 '루엘 No. 925'가 떠올랐다. 유아사도 즐겨 입는 브랜드로, 당시 미국에도 매장이 몇 개밖에 없었다.

혹시 일본 사람들은 이 브랜드를 모르는 게 아닐까?

조사해보았더니 루엘 No. 925를 취급하는 업자가 없었다. 그래서 유아사는 이 브랜드에 집중해서 일본에 수출해보기로 했다. 일본 쪽 오퍼레이션은 친구가 도와주기로 했다. 자본금 10만 엔으로 작은 온라인숍을 열었더니 눈 깜짝할 사이에 상품이 다 팔렸다. 연매출은 1,500만 엔가량이나 되었다.

"졸업한 뒤 컨설팅 회사에 취직한 것을 계기로 그 회사는 정리했지만, 소규모 자본으로 비즈니스를 시작해서 궤도에 올려본 경험은 학생 시절에 이루어낸 일 중에서도 가장 가치 있는 실적이라고 생각합니다."

하버드에 입학하는 사람들 중에서도 '창업 놀이'가 아니라 실제로 창업을 해서 사업을 펼친 경험을 가진 사람은 소수파다. 일본인의 경우에는 더 말할 나위가 없다.

하버드는 학생들의 창업가 정신을 특히 환영하며, 창업을 했던 경험은 틀림없이 개성과 리더십 능력을 보여주는 데 큰 도움이 되었을 것이다.

2년간 훈련을 거듭해서 철인3종 경기를 완주하다

하버드의 에세이는 단어 수 이외에는 제한이 없었으며(지금은 단어 수 제한도 없다), 무엇을 쓰든 상관없다. 가족 이야기나 어렸을 때의 경험을 쓰는 편이 자신을 이해시키는 데 도움이 된다고 판단되면 그런 사적인 일을 써도 된다.

유아사는 지금의 건장한 모습을 보면 상상도 할 수 없지만, 선천적으로 심장에 작은 결함을 지녀서 몸이 허약했다. 미국 대학에 진학해서 하버드를 목표로 삼았던 유아사는 어떻든 이 약점을 극복하기로 마음먹었다. 전문의에게 조언을 구했더니 "운동으로 심장을 단련하면 성장하면서 낫는 경우가 있다"는 것이었다.

"어릴 적에 선천적인 병이라는 말을 들었을 땐 무척 억울했죠. 그런데 의사가 운동을 해도 된다고 하기에, 그렇다면 철저하게 해보자고 생각했습니다."

열심히 노력해서 몸을 바꾸어보자고 다짐한 유아사는 놀랍게도 철인3종 경기를 시작했다. 이것은 수영, 자전거, 마라톤을 순서대로 이어서 하는 경기다.

어차피 시작한 거, 대회에도 출전하자고 결심한 유아사는 2년 뒤 오하이오에서 개최되는 철인3종 대회에서 완주하는 것을 목표로 훈련을 시작했다.

대개 자전거 경주를 할 때 프로 선수들은 로드레이서라는 30만 엔쯤 하는 고가 제품을 사용한다. 학생인 유아사는 그런 큰돈이 없었기 때문에 자전거 대여점에서 저렴한 마운틴바이크를 빌려 탔다.

평일에는 1~2시간, 주말에는 6시간이나 훈련을 했다. 매일같이 묵묵히 수영, 자전거, 마라톤 훈련을 해나갔다. 이것을 놀랍게도 2년 동안이나 계속했다고 한다.

"저는 목표를 정하면 자신을 절제하며 그 목표를 향해 노력하는 것이 장점입니다. 연습 중에는 대회에서 완주하는 것 외에는 생각하지 않았어요."

그리고 드디어 2008년 5월 4일, 오하이오 주 철인3종 대회에 참가했다. 이날은 대학 졸업식 날이었지만, 아침 일찍 대회에 참가한 뒤 끝나자마자 그 길로 졸업식에 가기로 했다.

무슨 일이 있어도 완주를 하고 싶었다. 유아사는 수영은 무난하게 마쳤지만 자전거 경주에서 크게 뒤처졌다. 역시 낡은 마운틴바이크로는 한계가 있었으며, 보통의 아주머니들도 자기를 휙휙 추월해갔다.

하지만 마라톤 경주에서 만회하며 결국 보란듯이 완주했다. 처음 참가해서 완주자 249명 중 177위라는 훌륭한 성적을 올렸으며, 예기치 않은 기쁜 소식도 전해졌다. 마운틴바이크로 참가한 유아사에게 '비非 로드레이서 부문상'이 주어졌던 것이다.

"2년 동안 훈련을 거듭한 덕에 몸이 튼튼해졌고, 한편으로는 매일 묵묵히 노력하면 큰 목표도 이룰 수 있다는 점을 배웠습니다. 꾸준한 노력이 열매를 맺는 것을 몸으로 느꼈다고 에세이에 썼습니다.

'일본으로 돌아가도 된다'는 말까지 들은 경험을 성장의 발판으로 삼다

인생에서 좌절한 경험으로, 유아사는 다음 세 가지를 적었다.

①오하이오 주립대학에 입학한 후, 영어가 서툴러서 친구를 사귀지 못
했고 또 수업 시간에 발표도 못하고 1학기 동안 은둔형 외톨이와 같
은 나날들을 보낸 일.
②컨설팅 회사의 동남아시아 프로젝트에서 고객이 원하는 성과를 내지
못하여 고객을 화나게 한 일.
③컨설팅 회사의 프로젝트에서 이사회에 올릴 자료의 내용을 둘러싸고
고객과 크게 대립했던 일.

하버드에 입학하기 전 4년 동안 유아사는 두 회사에서 컨설턴트로
활약했는데, 동남아시아에서 프로젝트를 진행할 때는 큰 좌절을 경
험했다. 그것은 유통부문 글로벌 기업으로부터 "동남아시아의 A국에
서 매장을 확대하고 싶다"는 의뢰를 받고 시작한 프로젝트였다.

2009년에 유아사가 동남아시아에 단기부임을 했을 때는 큰 틀의
전략 입안은 이미 끝난 단계여서, 그 전략을 토대로 상세한 실행 계획
을 세우는 것이 컨설턴트의 임무였다. 신입인 유아사는 데이터 분석
이 주요 업무였다. 창고의 재고 데이터를 토대로 아이템별, 요일별 등
으로 물동량을 분석하고, 어디에 유통의 거점을 두고 언제 어떤 매장
을 내면 좋을지 등을 구체적으로 제시해야 했다.

유아사는 매일 분석 작업에 매달렸다. 재고 데이터는 방대하기 그
지없지만 요일별, 아이템별만이 아니라 되도록 많은 항목으로 나누어
분석해서 결과를 보고하기로 했다. 많을수록 고객에게 유용하리라고
판단했기 때문이다.

다양한 항목으로 나누어서 분석을 시도하다보니 분석할 종류가 늘어서 해도 해도 끝이 없었다. 당연히 기간 내에 일을 끝마치지 못했다.

"이때 A국에 두 달 가까이 있었는데 호텔, 고객 기업의 사무실, 창고밖에 가보지 못했습니다. 어쨌든 닥치는 대로 많이 분석을 하려고 했죠."

고객 기업의 담당자와 2~3일에 한 번씩 만나 회의를 했다.

"이번에는 의뢰한 대로 이런 분석을……."

유아사 쪽이 결과를 몇 가지 제시하면, 그쪽 담당자는 영 못마땅한 표정을 지으며 쏘아붙였다.

"유감스럽게도 이 정도의 분석 결과에 돈을 지불할 가치는 없다고 생각합니다. 좀더 머리를 써서 해줄 수 없나요?"

회의는 매번 이런 식이었고, 결국에는 담당자에게 "여러분 모두 일본으로 돌아가셔도 됩니다"라는 말까지 듣는 지경에 이르렀다.

"임기응변식으로 고객이 제시하는 대로 일을 했던 것이 패인이었습니다. 모두가 '작업자'가 되어 일했던 거죠. 무엇을 위해 이 분석을 하는 건지, 이 분석은 어떤 실행으로 이어지는 건지 전체상을 보지 못하고 오로지 작업에만 매달렸어요."

이런 실패로부터 배운 점을 에세이에서 강조했다.

이 프로젝트를 진행하면서 젊은 컨설턴트의 기력과 체력은 한계에 달했고, 이를 보다 못한 상사가 유아사와 동료들을 프로젝트에서 제외시켰다. 입사하고 처음 맡은 대형 프로젝트였는데 도중에 퇴장을

당하자 유아사는 큰 좌절감을 느꼈다.

그러나 이 실패가 약이 되었던 것은 분명하다. 그다음부터는 컨설팅 일을 할 때는 반드시 목적부터 생각하고 단순한 작업자로서 일하지 않게 되었고, 그 결과 여러 가지 경영통합 프로젝트를 성공시킬 수 있었다. 씁쓸한 체험이었지만 컨설팅의 기초적인 사고법을 익히는 데 큰 도움이 되었다.

하버드에 합격하기 위해서라면 뭐든지 해본다

목표를 달성하기 위해서 한눈팔지 않고 최대한 노력하는 모습은 하버드 합격자에게 공통적으로 보이는 특징이지만, 유아사만큼 하버드에 합격하기 위해 "할 수 있는 일은 다 했다"고 단언할 수 있는 사람은 드물지 않을까 싶다. 보통 수험자는 시험을 치기 전에 하버드 캠퍼스를 한 번 정도 방문하는데, 유아사는 대학 3학년 때, 4학년 때, 그리고 사회인으로서 입학시험 준비를 할 때 등 세 번이나 가보았다. 이것을 'MBA를 취득하려는 이유는 무엇입니까?'라는 세번째 에세이에 상세하게 적었다.

"역시 캠퍼스에 가보면 의욕이 생겼지요. 하버드의 분위기를 제안에 흠씬 스며들게 하고 싶었습니다."

세번째로 하버드를 찾아갔을 때는 유달리 의욕이 불타올랐다. 그해에 하버드 입학시험을 치기로 결심했기 때문이다. 어떡하든지 입학 심사관에게 눈도장이라도 찍고 가려고 입학심사위원회가 있는 건물을 찾아갔다. 하지만 유감스럽게도 건물 안으로 들어가지 못해서 단념했다. 그렇다면 수업이라도 견학하자 싶어 지나가는 학생에게 부탁해서 교실에 들어갔다. 진검승부를 펼치는 토론을 직접 두 눈으로 보고 나서 '꼭 이 학교에 들어가자'고 결심했다.

다음에 견학한 수업에서는 수업 종료 뒤 교수를 붙잡고 질문을 했다. 질문 공세를 펼친 뒤, 어떤 학생을 원하는지를 꼬치꼬치 물어보았다. 카페에 가서는 이야기꽃을 피우고 있는 학생들 틈으로 들어가 어떻게 하면 합격할 수 있는지를 물어보았다.

2012년 겨울에 서류심사를 통과하고 상하이에서 면접을 보게 되었을 때, 유아사는 또다시 할 수 있는 모든 노력을 다했다. 면접 장소인 호텔에 입학심사관이 묵고 있다는 것을 우연히 알게 되어, 다음 날 아침 조식 레스토랑에 가서 기다렸다. 심사관인 여성이 나타나자 과감하게 말을 걸었다. 역시 대놓고 "면접에서는 무엇을 물어보시나요?"라고는 묻지 못했지만, 이런저런 세상 이야기를 하면서 심사관이 어떤 성품인지를 확인했다.

면접 자리에서도 빈틈없이 행동했다. 한 시간 전에 도착해서, 면접을 끝낸 사람이 나오기를 기다렸다가 면접 분위기에 대해 캐물었다.

유아사가 이렇게까지 행동하는 데는 이유가 있다. 미국 대학에 4년간 다닌 경험에서 "미국은 열의를 평가하는 나라"라는 사실을 깨달았기 때문이다.

이렇게까지 집요하게 행동하면 심사관이 눈살을 찌푸리진 않을까?

이러쿵저러쿵 물어보면 학생들이 귀찮아하지 않을까?

교수님은 꽤 바쁠 텐데, 무슨 질문을 해. 그만두자.

이렇게 일본인답게 미덕을 중시하고 아무런 행동도 하지 않는 것보다 미국에서는 행동을 하는 편이 '이득'이다. 이렇게 해서 유아사는 에세이와 면접에서 남들보다 강한 행동력이 있다는 사실을 피력해서 하버드에 합격했다.

유아사는 졸업을 한 뒤에는 벤처 캐피털리스트로서 일본에서 세계적인 벤처기업을 선보이는 것이 목표다. 장래에는 일본과 터키를 연결하는 비즈니스도 하려고 한다. 이런 타의 추종을 불허하는 행동력으로 어떤 비즈니스를 시작할 것인지 벌써부터 기대가 된다.

합격자 5

미즈다 사에코

- 1985년 도쿄에서 태어났다. 5세부터 10세까지 뉴욕에서 자랐다.

- 도호桐朋 여자고등학교를 거쳐 2007년 도쿄 대학 경제학부를
  졸업했다.

- 그해 외자계 소비재 제조회사에 입사했다. 어시스턴트 파이낸스
  매니저로서 기업매수 후의 경영통합 프로젝트나 비용전략 입안 등에
  종사했다.

- 2013년에 하버드 대학 경영대학원에 입학했다.

- 2015년에 MBA를 취득할 예정이며 풀브라이트 장학생이다.

2013년에 입학한 미즈다 사에코는 뛰어난 영어 실력을 내세워서 하버드에 합격했다. 그녀의 영어 실력은 입학심사관도 혀를 내두를 정도였으며, 하버드의 동급생들이 "미국인보다 영어를 잘한다"고 할 정도였다. TOEFL 등 영어시험은 물론 만점이다.

오랫동안 미국에서 생활했는가 싶었는데, 어렸을 때 5년 동안만 살았을 뿐이다. 다만 어머니의 방침으로 뉴욕에서 주위에 일본인이 없는 지역에 거주했으며, 초등학교는 유엔 국제학교UNIS에 다녔기 때문에 원어민과 같은 영어 실력을 갖출 수 있었다고 한다.

유엔 국제학교를 다니면서 국제적인 관점에서 생각하는 사고력을 갖추게 되었다. 학교의 모토는 세계평화와 국제협력이었으며, 일본에 귀국한 뒤에도 '앞으로 전 세계 사람들에게 도움이 되는 일을 하고 싶다'는 생각을 줄곧 갖게 되었다.

하버드를 목표로 삼은 것은 대학 3학년 때다. 하버드의 졸업생인 이와세 다이스케의 책을 읽고 '꼭 하버드에 들어가겠다'고 결심했다.

대학 시절에는 NPO 등에서 적극적으로 봉사 활동을 했는데, 졸업한 뒤에는 비즈니스 현장에서 일을 배우고 싶어 외자계 소비재 제조회사에 취직했다. 입사 5년째에 일은 배울 만큼 배웠다는 느낌도 있고 해서 유학 준비를 시작했다. 먼저 풀브라이트 장학금을 신청해서 합격했으며, 그뒤 들어가기 어렵기로 소문난 하버드와 스탠퍼드 경영대학원에 동시에 합격하는 쾌거를 이루었다.

졸업한 뒤에는 "국제적인 인재를 육성하는 사업을 하고 싶다"고 미즈다는 말한다. 그녀는 탁월한 언변으로 하버드에 무엇을 전달했는지 말해주었다.

과제 에세이 설문(2012년 수험생)

1. '당신이 잘해냈다고 생각하는 일'을 적어주십시오. (400단어)
2. '좀더 잘했으면 좋았을 텐데 하고 생각하는 일'을 적어주십시오. (400단어)

상대의 처지에서 생각하여 스스로 비용 삭감안을 제안하다

미즈다는 성공 체험과 좌절 체험 모두 외자계 소비재 제조회사에서 리더십을 발휘했던 일로 적었다. 두 가지 체험이 하나의 이야기가 되도록 신경을 썼다고 한다.

먼저 성공 체험으로 쓴 것은 2012년 비용삭감 프로젝트에 참가했을 때의 이야기다. 미즈다는 기초화장품 브랜드의 재무를 담당하고 있었는데, 각 부문의 부장들과 파이낸스 부문이 가진 정기회의에서 연간 매출예측과 이익예측이 기수期首 목표를 밑돈다는 사실을 알았다. 기말期末까지는 4개월밖에 남지 않은 상황이었다.

"지금부터 매출 목표를 달성하기는 어렵지만 이익 목표만은 달성하자."

사업부장의 지시로 이익 목표를 달성하기 위해 각 부서가 가능한 한 모든 노력을 기울이게 되었다. 이익 목표를 달성하기 위해서는 비용을 삭감해야 한다. 미즈다가 속한 파이낸스 부문은 어떻게 하면 효율적으로 비용을 삭감할 수 있을지를 놓고 각 부문과 거듭 상의해서 해결책을 내놓기로 했다.

특히 검토 여지가 있었던 것은 거액의 비용이 할당된 마케팅비였다. 마케팅 부문은 매출 실적으로 부문 전체가 평가되기 때문에 담당자는 당연히 광고비 삭감을 꺼린다. 매출 감소로 이어질 수 있기 때문이다. 하지만 마케팅비를 삭감하지 않으면 달리 뾰족한 수가 없었다.

파이낸스 부문은 전체 회의에서 비용 삭감에 협조해달라고 마케팅 부문에 요청하기로 했다. 그러나 책임자인 미즈다는 마음이 무거웠다. 지금까지도 몇 번에 걸쳐 대대적인 비용 삭감을 요청했는데 그때마다 마케팅 부문의 직원들이 신경이 날카로워져서 욕구불만 상태가 되었기 때문이다.

마케팅비는 10여 명의 담당자가 각자에게 주어진 몫의 비용을 수백 항목으로 나누어 관리하고 있었다. 수백 항목이나 되는 비용을 낱낱이 밝혀내 잉여분을 찾아내는 일은 피를 말리는 작업이다. 게다가 마케팅 매니저는 각 담당자가 공평하다고 생각하는 삭감 방법을 도출해내야 한다. 이만저만 성가신 일이 아닌 것이다.

그러나 별다른 방도가 없어서, 미즈다는 마음을 굳게 먹고 이렇게 말했다.

"비용 삭감을 위해 잔여 예산을 밝혀내, 삭감 항목 제안에 협조해 주실 수 없나요?"

마케팅비를 총괄하던 매니저는 부임한 지 얼마 안 된 유능한 여성이었는데, 타부서에서 했던 매니지먼트 경험을 바탕으로 이렇게 대답했다.

"이 시기에 더이상 부하직원에게 비용 삭감을 위해 시간을 쓰게하고 싶지 않습니다. 미즈다 씨가 잔여 예산을 계산해서 전 예산의 5%를 일률적으로 삭감해주실 수 없나요?"

매니저는 제품별로 삭감액을 책정하는 것보다 일률적으로 삭감하는 편이 부하직원의 시간을 아낄 수 있고, 그 편이 공평하다고 생각한 것이다.

첫번째 회의의 내용은 각자 알아서 검토하기로 했다. 그러나 미즈다는 일률적으로 삭감하면 필요 이상으로 매출이 내려갈 수 있다고 판단했다. 그래서 세밀하게 마케팅 비용 데이터를 분석하고 '삭감 요청안'이 아니라 '새로운 비용 할당안'을 작성했다.

"마케팅 비용을 전체적으로 볼 수 있는 사람은 저뿐인 상황이었기 때문에, '어느 제품에 어떤 타이밍에 어느 정도의 마케팅 비용을 들이면 가장 효과적으로 수익을 얻을 수 있는지'를 분석했습니다. 기초화장품은 매출에 계절성이 있어서, 경쟁사가 투자하는 시기에 투자를 삭감하면 기말 매출이 대폭 내려가고 맙니다. 또한 계절에 따른 홍보를 강화하다가 브랜드에 대한 기본적 투자를 몇 개월 소홀히 하면 브랜드력이 떨어지는 경우도 있습니다."

매니저가 판단하기 쉽도록 미즈다는 예산 전체를 '가시화'하고 각 비용 항목을 삭감할 때 생기는 리스크와 이점을 제시했다. 그리고 어떤 항목을 삭감하고 어떤 항목에 재투자하는 것이 최고의 선택인지를 제시했다. 전체의 모습을 그려줌으로써 불공평한 느낌을 완화시키는 작전이었다. 매니저는 미즈다의 정밀한 분석에 납득을 한 모양이었다.

미즈다는 마케팅비 담당자들과 협상할 때 특히 상대의 마음에 호소하기 위해 노력했다.

"지금 이 부분을 삭감하면 내년 예산에서 원활하게 조정할 수 있습니다. 함께 수치를 달성합시다. 목표를 달성하지 못하는 것이 분하지 않나요!"

최종적으로 매니저는 미즈다의 제안을 받아들였다. 그 결과 매출과 이익에서 당초의 목표보다 높은 수치를 달성할 수 있었다.

"부문장에게는 '이 시기에 단기간에 분발해주었다'는 칭찬을 들었습니다. 우수한 사람들이 모여 있는 글로벌 기업이라서 논리를 중시한다고 생각했는데, 사람은 논리만으로는 움직이지 않는다는 걸 배웠지요. 그래서 되도록 겸허하게, 집요할 정도로 정중히 관계자에게 설명하고 같은 목표를 향해 달려갈 수 있도록 설득해나갔습니다."

미즈다의 말에 따르면, 하버드는 이처럼 모두가 이견을 보이는 역경을 극복하고 하나의 목표로 이끌어간 사람을 리더로서 높이 평가한다고 한다.

"회사 전체로 보면 작은 성공이지만, 저로서는 글로벌 기업에서 리더십을 발휘해 변화를 일으킨 만큼, 매우 중요한 실적이었다고 생각하고 있습니다."

▣ 과거의 '우등생'에서 벗어나지 못해 실패한 자신을 품어주다

"실패한 경험은 꼬리를 물고 생각나서 쓰기 쉬웠어요. '이렇게도 자주 실패를 해왔다니'라는 생각이 들 정도로 실패담을 적을 때는 별로 어려운 점이 없었습니다."

학교에 다닐 때부터 성적이 우수했던 미즈다는 이른바 우등생이었다. 그런데 사회인이 된 뒤로는 우등생이라는 것이 오히려 약점이 되어 실패를 맛본 적이 있다.

미즈다는 2007년 외자계 소비재 제조회사에 입사했다. 사내에서는 수년 전에 매수한 생활용품 제조회사와의 경영통합이 진행되고 있었다.

두 회사는 기업문화도 다르고 비용을 들이는 법도 달랐다. 신입으로 재무 부문에 배치된 미즈다는 외국인 상사와 함께, 매수한 회사의 비용을 재검토하는 일에 매달리게 되었다. 외국인 상사는 생활용품 제조회사 출신이었지만 소비재 제조회사를 다닌 경력도 있었다.

"처음부터 이런 중요한 일을 맡게 되다니, 기분 좋은데."

신입으로서 의욕이 넘쳐흐르던 미즈다는 가슴이 뛰었다.

하버드 합격기준

일반적으로 기업을 매수하면 시너지 효과가 생겨서 매수하는 쪽과 매수되는 쪽 양쪽에 이득이 있다고 한다. 특히 이때는 비용 삭감 효과가 기대되고 있었다. 그러나 막상 통합을 했더니 오히려 비용이 상승했다. 게다가 생활용품 제조회사는 재무구조가 달라서 비용이 어디에 어느 정도 드는지 세세한 항목이 눈에 잘 들어오지 않았다.

미즈다는 두 회사의 출신자로 구성된 통합추진팀에 의견을 제시했다.

"비용 삭감 팀을 만들어보면 어떨까요?"

"어떻게 하면 비용을 삭감할 수 있는지 함께 생각해볼까요?"

그런데 두 회사의 직원들은 좀처럼 하나가 되지 못했다.

어쨌거나 정보를 수집하려고 미즈다는 생활용품 제조회사 출신자를 만나 청취 조사를 해나갔다. 그 결과 이 회사의 직원은 완벽한 로지스틱스로 최고 품질의 상품을 시장에 내보내는 데 긍지를 갖고 있다는 것을 알았다. 이는 소비자의 니즈를 토대로 기능과 비용의 균형을 취하는 미즈다 회사의 가치관과는 좀 달랐다.

"완벽을 지향하고 있으니 당연히 비용도 듭니다. 정확한 비용의 예측치도 없는 상황에서 이쪽의 비용을 삭감하는 데는 저항감이 들지요."

생활용품 제조회사의 담당자는 이렇게 대답했다.

이 말도 일리는 있었다.

미즈다는 상대의 가치관을 납득하고 두 회사의 가치관 사이에 끼여 이러지도 저러지도 못하는 처지가 되었다. 어떡하든지 두 회사가 모두 납득할 수 있는 절충안을 내놓고 싶었다. 관계자의 주장을 듣는 나날이 계속되었다.

이 비용 삭감안을 만드는 일 외에 미즈다에게는 또 한 가지 중요한 일이 있었다. 통합 후 비용 예측치를 세워야 했다. 그런데 이쪽도 난항을 거듭했다. 두 회사의 시스템으로부터 데이터를 수집해서 예측하려고 했는데, 데이터를 잘못 해석하거나 계산식이 틀려서 지적을 받고 수치를 변경하는 일이 이어졌다.

"아, 그 전제는 다를지도 모릅니다."

"죄송합니다. 그 수치는 잘못되었을지도 모릅니다."

결국 부문을 총괄하는 CFO(최고재무책임자)가 격노했다.

"숫자를 말끔하게 정리해서 들고 와주면 좋겠는데. 회의를 하는 중에 숫자가 바뀌면 의사결정을 할 수가 없잖아. 이 숫자 하나에 따라서 창고 루트가 바뀌거나, 사람의 배치가 바뀐단 말이야. 이게 얼마나 중요한 일인 줄 몰라서 그래?"

미즈다에게 모든 것을 맡기고 있던 상사도 입장이 난처해진 모양이었다. 파이낸스 부문에서는 이미 이 사람이 낸 숫자는 신뢰할 수 없다는 분위기가 확산되었다. 그뒤 몇 번인가 다시 해서 CFO의 승인을 얻었지만, 당초의 마감일보다 크게 늦어져서 많은 관계자에게 폐를 끼쳤다.

"결국 예측치가 명확해진 시점에서는 석유 가격이 상승하여 돌이킬 수 없을 정도로 비용이 올라가버렸습니다. 명확하게 판단을 내리지 못한 결과, 관련된 사람들 모두에게 해를 끼치고 만 거죠."

하버드 합격기준

그해에 미즈다는 혹독한 인사평가를 받았다. 우등생이었던 미즈다는 큰 좌절감을 맛보았다.

"그전까지는 제가 노력해서, 때로는 밤을 새워가며 분발하면 보답을 받지 못한 적이 없었습니다. 이 일을 계기로 저의 가치관을 재검토하게 되었죠."

미즈다는 그 당시를 실패에서 배움을 얻은 기회로 보고 에세이에 썼다.

"결과에 대해 책임을 진다는 것이 어떤 것인지 깨달았고, 상대에게 공감만 해서는 아무것도 되지 않는다는 점을 배웠습니다. 저는 학생일 때 당사자의 이야기를 듣고 원활하게 조정해서 리더로서 성공한 체험이 있었습니다. 그렇게 성공했던 체험과 우등생으로서 '착한 아이로 있고 싶다'는 마음. 이 두 가지에 묶여서 사회인으로서 실패하고 말았습니다."

이런 경우에 신입인 미즈다는 어떻게 행동해야 했을까? 미즈다는 다음 두 가지를 반성할 점으로 제시했다.

- 할 수 없으면 가급적 조기에 "할 수 없습니다"라고 말하면서 주위 사람들에게 도움을 청하고, 상사를 포함해서 모든 사람과 수단을 동원해서라도 목표를 달성해야 했다.
- 생활용품 제조회사의 가치관에 대해 경의를 표하면서도 새로운 경영방침에 따라야 한다는 점을 의연하게 전달해서 설득해야 했다.

"열심히 노력하면 누군가 도와주리란 생각이 근본적으로 안일했던 것이죠. 모두가 상처를 입지 않는 절충안이라는 것은 기업 전략의 큰 적이라는 사실을 통감했습니다."

이 이야기에는 후일담이 있다. 혹독한 평가를 내린 CFO가 미즈다를 직속부하로 삼고 친히 업무를 가르쳐주려고 나선 것이다.

"다시 한번 해보자."

CFO는 비용을 할당할 때 우선순위를 매기는 방법, 예측치를 세울 때 전제조건을 설정하는 방법 등을 직접 세세하게 지도해주었다. 그리고 이것이 훗날 미즈다가 성공할 수 있는 밑거름이 되었다.

"그때 실패하길 잘했어요……."

미즈다는 진지한 얼굴로 말했다. 하버드가 요구하는 것은 미즈다처럼 '우등생'에서 탈피하여 한 걸음 더 성장한 리더가 아닐까.

피겨 스케이팅 선수처럼 프레젠테이션을 하다

컬럼비아 대학에서 면접관을 하고 있을 때, 아주 드물게 어학의 천재를 만나곤 했다. 일본어와 영어를 완벽하게 구사하고, 게다가 또하나의 언어를 구사할 수 있는 사람들이다.

미즈다가 바로 그런 유형이다. 인터뷰 중에 나오는 영어와 일본어는 원어민 수준이었다. 틀림없이 면접을 볼 때도 타의 추종을 불허하는 프레젠테이션 능력으로 입학심사관을 압도했을 것이다.

"미국의 대학시험은 피겨 스케이팅 선수처럼 자신의 이야기를 '춤으로 완전하게 보여준 사람이 승자'라고 생각해요. 입학심사관의 눈을 보고 '저, 대단한 사람이에요!'라고 웃는 얼굴로 말하면서 '이렇게 복잡하고 난처한 상황이었는데, 역경을 극복하고 리더로서 힘을 키워왔어요!'라고 당당하게 프레젠테이션을 하는 거죠. 이것을 할 수 있느냐 없느냐에 승패가 달려 있다고 봅니다."

미즈다는 면접을 볼 때 일본의 커뮤니케이션 습관에 사로잡혀서 지나치게 겸손하거나 비굴해져서도 안 되며 딱딱한 표정은 피해야 한다고 강조했다. 자기가 하고 싶은 말을 할 수 있도록 대화를 이끌어가는 것이 중요하다고 한다.

미즈다는 면접 자리에서 '외자계 소비재 제조회사 출신의 일본인 여성'이라는 점을 최대한 부각시켰다.

소비재 제조회사 출신자는 한 학급의 90명 중 몇 명밖에 없다. 특히 여성은 귀중한 존재다. 더욱이 미즈다는 일본이 '소비재의 이노베이션 센터'라는 점을 설명하고, 외자계 소비재 제조회사의 일본 지사에서 일하며 쌓은 지식이 학급 토론에도 기여할 수 있다는 점을 내세웠다. 화장품 등 소비재 세계에서는 일본에서 인기를 끈 상품이 고급 제품을 선호하는 아시아 각국의 고객으로 확대되어가는 경향이 있으며, 일본의 소비재는 시대의 최첨단을 달리고 있다고 한다.

"제가 경험했거나 배운 점을 학급 친구들에게 제대로 전달할 수 있는지를 보는 것이 면접의 목적이니, 제가 당연하다고 생각하는 것도 입학심사관 앞에서 알기 쉽게 설명했습니다."

미즈다가 하버드에 전달한 이야기 중 특히 인상적이었던 것은 졸업 후의 목표였다. 보통 졸업을 하면 무엇을 하고 싶은가라는 질문에는 그 시점에 하고 있는 일의 연장선상에서 실현 가능한 일을 현실적으로 이야기한다. 소비재 제조회사에서 재무 부문을 담당했다면 제조회사에 복직하든가 컨설팅 회사나 금융기관으로 이직하겠다고 말하는 것이 설득력이 있다.

그런데 미즈다는 "NPO를 설립하여 일본에서 '젊은이들이 정열을 쏟으며 할 수 있는' 일을 키우고 싶다"고 말했다. 하버드뿐만 아니라 스탠퍼드 입학시험에서도 풀브라이트 장학금 시험을 쳤을 때도 똑같이 말했다.

대학 시절에 NPO에서 봉사 활동을 했다고는 하지만, 이 대답은 자칫 잘못하면 '진로를 현실적으로 생각하지 못하는 사람'이라고 판단되어 탈락할 위험도 있다. 따라서 창업을 하겠다거나 NPO를 설립하겠다는 등의 목표는 안이하게 내걸지 않는 편이 좋다고 한다. 만약 이런 큰 목표를 말했다면 그에 어울리는 실적과 논리가 필요하다.

미즈다는 물론 수긍할 수 있는 논리를 준비했는지도 모르지만, 그보다 영어 프레젠테이션 능력을 보고 입학심사관이 '이 사람이라면 맨바닥에서부터라도 뭔가 해낼 것 같다'고 판단하지 않았을까.

"만약 돈이나 자원이 무한정 있다면 무엇을 하고 싶을까 생각해보았더니 '제가 국제적인 사람이 되는 과정에서 어릴 적에 고생했던 문제를 해결할 수 있는 일을 하고 싶다'는 생각이 들더군요. 여름에 인

하버드 합격기준

턴십을 할 때 일본 NPO의 인재육성 관련 프로젝트에서 일했는데, 그때 이렇게 보람찬 일도 있구나 하는 느낌이 들었습니다."

자신의 꿈에 대해 설득력 있게 프레젠테이션을 하는 능력은 타고난 것일까, 후천적으로 익힌 것일까?

"중학교, 고등학교와 연극부에서 저 자신을 객관적으로 보는 훈련을 쌓았고, 면접 전에 거울 앞에서 연습을 하기도 했는데, 그것이 좋은 결과를 낸 것인지도 모르겠습니다."

미즈다가 면접의 달인이라는 사실은 하버드와 스탠퍼드, 풀브라이트의 심사를 통과한 사실을 보면 알 수가 있다.

제3장

기업 파견 유학생의
이력서

하버드 대학 경영대학원에 합격한 일본인은 에세이나 면접에서 자신의 경험, 삶의 방식, 가치관 등을 통해 리더로서의 잠재 능력을 어떻게 보여주었을까?

이런 점을 제2장에서는 자비유학생 다섯 명을 예로 들어 소개했는데, 제3장에서는 네 명의 기업 파견 유학생을 통해 알아보겠다. 모두가 경쟁률이 치열한 일류기업의 사내 심사에 합격하고, 또 하버드의 심사도 통과한 남다른 인재들이다.

- 나카자와 요시히로(中澤佳寬, 2012년 입학, 다이와 증권)
- 무카에 가즈마사(向江一将, 2012년 입학, 미쓰이 물산)
- 야마모토 리에(山本理絵, 2012년 입학, 히다치 제작소)
- 하가 료타(芳賀亮太, 2013년 입학, 미쓰비시 상사)

이들이 일본 기업에서 겪은 리더십 경험은 연공서열을 중시하는 조직 속에서도 젊은 직원이 리더십을 발휘해 회사에 부가가치를 안겨 줄 수 있음을 보여준다. 또한 일본 기업에서 어떤 일을 하면 '글로벌 인재'로서 평가받는지를 알려주는 표본이기도 하다. 일본 기업에서 리더십을 발휘한 사례로 참고하기 바란다.

나카자와 요시히로

- 1981년 효고현에서 태어났다. 6세부터 18세 때까지 미국 켄터키 주에서 살았다.
- 테이츠 크릭 고등학교를 거쳐 2005년 게이오 대학 법학부를 졸업했다.
- 그해 다이와 증권 SMBC 주식회사(현 다이와 증권)에 입사했다.
- 채권자본시장 부문에서 국제금융공사가 발행하는 '마이크로 파이낸스 펀드' 등 임팩트 투자 상품을 일본 최초로 개발하는 일에 종사했다.
- 2012년 하버드 대학 경영대학원에 입학했고, 2014년에 MBA를 취득할 예정이다.

일본인 중에 형제 둘이 모두 하버드 대학 경영대학원에 합격한 경우는 처음 보았다. 현재 하버드에 재학 중인 나카자와 요시히로는 동생이다. 형인 도모히로는 2013년에 하버드를 졸업하고, 뉴욕에서 일본 기업의 해외주재원으로 일하고 있다.

　나카자와는 초등학교, 중학교, 고등학교를 미국 켄터키 주에서 다녔으며, 일본에 귀국해서 대학을 다니고 도쿄의 다이와 증권에 입사했다. 보통 미국에 거주한 기간이 이 정도로 길면 미국에서 취직하거나 외자계 기업을 선택하는 이들이 많다. 하버드 면접시험에서도 "왜 미국에서 자랐는데 외자계가 아닌 일본 금융기관을 선택했는가?"라는 질문을 받았다. 나카자와는 "전부터 국제적이고 다이내믹한 투자은행 관련 일을 맡겨줄 회사에서 일하고 싶었기 때문에 다이와 증권에 취직했다"고 대답했다.

　그의 희망대로 그는 다이와 증권 내의 채권자본시장 부서(사업법인이나 공공법인, 금융기관의 채권발행을 담당)에 소속되어 1천 억 엔 규모의 엔화표시외채(사무라이채)를 발행하는 일을 맡거나 새로운 금융상품을 개발하는 일에 종사했다.

　하버드를 지망한 것은 형과 친구에게 영향을 받았기 때문이다. 기업 파견 유학시험에 합격했을 때 하버드를 목표로 정했다.

　"다른 학교도 견학을 해보았지만 하버드만 특별하게 다가왔습니다. 무슨 일이 있어도 하버드에 가고 싶었어요"라고 나카자와는 말한다. 금융기관 출신자는 지망자 수가 많아서 경쟁률이 높기 때문에 하 버드에 합격하기가 어렵다고 한다. 나카자와는 자신을 어떤 식으로 차별화했을까?

나카자와는 에세이나 면접에서 다이와 증권이 '일본 최초'로 이루어낸 일에 자신이 크게 기여한 사실을 강조했다.

과제 에세이 설문(2011년 수험생)

1. 당신이 지금까지 성취한 일을 세 가지 적어주십시오. (600단어)
2. 당신이 좌절했던 경험을 세 가지 적어주십시오. (600단어)
3. MBA를 취득하려는 이유는 무엇입니까?. (400단어)
4. 우리(입학심사위원회)에게 어떤 질문을 받고 싶습니까? 그리고 그 질문에 답해주십시오. (400단어)

두 개의 '일본 최초' 프로젝트 성공에 기여하다

나카자와는 '지금까지 성취한 세 가지 일'을 모두 다이와 증권에서 리더십을 발휘한 경험을 적었다.

①국세청이나 증권보관대체기구를 상대로 협의를 거듭한 끝에, 태국이나 인도 기업이 발행하는 엔화표시외채를 유통시장인 세컨드마켓에

서 구입하는 일본인 투자가에게 부과되는 이중과세를 없애 외국세액 공제를 받을 수 있게 한 일.

②일본의 채권시장에 유럽이나 북미의 신규발행체(발행체: 채권을 발행하는 정부, 금융기관 등)를 유치하여 1천 억 엔 규모의 거래를 성사시키는 데 기여한 일.

③국제금융공사의 '마이크로 파이낸스 펀드'나 아프리카 개발은행의 '아프리카 교육 펀드' 등의 임팩트 투자 상품을 일본 최초로 개발하는 프로젝트에 종사한 일.

여기에서는 두번째와 세번째 일을 소개한다. 둘 다 다이와 증권이 '일본 최초'로 이루어낸 프로젝트에 나카자와가 공헌한 이야기이기 때문이다.

나카자와는 2008년 3월, 외국 정부나 금융기관이 일본 시장에서 자금을 조달하기 위해 공모하는 엔화표시외채를 발행하는 부서로 옮겨갔다. 외국의 정부나 기업을 상대로 채권에 의한 자금조달을 제안하는 것이 주요 업무였다.

그런데 당시만 해도 2007년의 서브프라임 주택론 위기의 여파 때문에 세계적으로 신용불안이 확대되었으며, 그때까지 엔화표시외채를 발행하고 있던 아시아의 정부기관이나 금융기관의 경영이 악화되던 때였다. 아무래도 새로운 엔화표시외채를 발행하기가 어려운 상황이었던 것이다.

나카자와는 오히려 이런 상황을 활용했다. 이런 시기이기에 일본에서 자금을 조달하고 싶어하는 발행체는 아시아 이외에도 있지 않을까. 투자가는 신용력이 높은 상품을 찾을 게 틀림없다.

유럽과 캐나다를 담당하던 나카자와는 누구나 아는 세계적인 금융기관에 접근해봐야 한다고 제안했다. 그래서 이제까지 엔화표시외채를 한 번도 발행한 적이 없는 세계적인 금융기관에 팀 전체가 도전하게 되었다.

"세계적으로 신용불안이 확대되어 어떤 발행체든 나름의 불안감을 안고 있다는 사실을 알았습니다. 그래서 리스크 헤지의 방법으로서 '일본 시장에서 엔화표시 자금을 조달하지 않겠습니까'라고 제안을 한 것이죠. 금리는 일본 국채나 일본계 기업의 회사채보다도 꽤 높기 때문에 투자가도 지금의 금리 수준이라면 구매할 것이라면서요."

그런데 발행체 쪽은 그런 제안을 받아보는 게 처음이었다. 관심을 보이긴 했지만 처음에는 머뭇머뭇했다. 그래서 해외 자본시장 부문이나 신디케이트부 등과도 손잡고 상대의 불안감을 하나하나 불식시켜나갔다. 그런 노력이 결실을 맺어, 마침내 영국의 스코틀랜드 왕립은행, 네덜란드의 라보뱅크, 캐나다의 캐나다 왕립은행 등이 1천 억엔 규모의 엔화표시외채를 발행하기로 했다.

"일본의 채권시장에 새로운 채권발행 기관을 유치하는 일은 누구나 생각해볼 만했지만 그렇지 않았지요. 혼란기였기 때문에 투자가의 니즈와 발행체의 니즈를 처음부터 판단해서 일본 시장으로서는 전에 없던 프로젝트를 새로 제안할 수 있었던 게 아닌가 싶습니다."

또하나의 '일본 최초'는 임팩트 투자 상품을 개발한 일이다.

하버드 합격기준

임팩트 투자란 경제적 이익을 추구하면서 동시에 빈곤이나 환경 등의 사회적 과제를 해결하기 위한 투자를 가리킨다. 투자가는 채권을 구입함으로써 교육, 빈곤, 지구온난화 등 특정 분야의 문제를 해결하는 데 기여할 수가 있다. 요컨대, 자신이 관심을 갖는 분야에 투자할 수 있고, 또 그것이 어떤 식으로 유용하게 쓰이는지를 알 수 있는 것이다.

임팩트 투자상품 개발은 여러 부문이 참가하는 부문 횡단형 팀으로 진행되고 있었다. 부채자본시장부에 소속되어 있던 나카자와도 그 개발 팀에 참가하게 되었다. 리더는 상품기획부의 선배였다. 일본에서 임팩트 투자 분야의 제1인자로, 나카자와도 존경해오던 인물이었다.

나카자와는 어떤 발행체가 어떤 상품에 흥미를 갖는지에 대해 아이디어를 내고, 후보로 떠오른 발행체에 상품을 제안하는 일을 맡았다. 즉시 개발도상국에 적극적으로 투자하고 있는 국제기관 몇 군데를 확인하고 방문했다.

발행체 쪽은 채권 발행으로 조달한 자금은 발행체 자체에 대한 투자이기 때문에 투자처를 특정할 수 없다는 점을 우려했다.

예컨대 투자가가 "국제금융공사의 이런 프로젝트에 투자해 이런 가난한 사람들에게 도움을 주고 싶다"고 생각해서 채권을 구입해도, 그 돈이 확실하게 그 프로젝트에 사용되는지는 보증할 수 없다. 그러면 그 상품을 세상에 내놓는 의미가 없다. 그래서 투자가의 우려를 불식시키기 위해 나카자와와 동료들은 "계좌를 나눈다", "동등액을 충당하는 규정을 만든다" 등의 기관별 기획안까지 제안하기로 했다.

그 결과 국제금융공사의 '마이크로 파이낸스 펀드'나 아프리카 개발은행의 '아프리카 교육 펀드' 등 개발도상국 사람들을 지원하는 상품이 나왔으며, 이런 임팩트 투자형 상품은 총액 4,500억 엔을 넘는 매출(2013년 3월)을 달성할 정도로 성장했다.

"경제를 활성화시키기 위해서는 돈이 저축에서 투자로 흘러가도록 해야 한다고 하는데, 이 상품을 통해 '이제까지 투자한 적이 없었지만 사회공헌을 할 수 있다면'이라고 생각하는 새로운 고객층을 개척할 수 있었다고 생각합니다."

'일본 최초'로 해낸 이 두 가지를 나카자와는 에세이에 간결하게 기술했고, 그뒤 상하이에서 치러진 면접 때에도 강조했다. 면접관이 "금융기관 출신 수험자가 꽤 많습니다. 그중에서 당신은 어떤 점이 '특별'한가요?"라고 물어왔을 때는, 금융업계의 상식 등에 사로잡히지 않고 새로운 일에 도전하여 팀과 함께 일본 최초로 성사시킨 경험을 소개했다.

이처럼 '일본 최초'나 '세계 최초'라는 수식어가 붙는 실적은 하버드 입학시험을 치를 때 '변화를 가져온 사람'으로 평가받으며 큰 무기가 된다.

거래에 실패한 뒤 커뮤니케이션 능력으로 리더십을 발휘하다

나카자와가 하버드에 이야기한 좌절 체험은 다음 세 가지다.

①게이오 대학 2학년 때, 친구들과 함께 농구 동아리를 만들었는데, 팀워크를 향상시키지 못하고 첫해에 1승도 기록하지 못했던 일.

②다이와 증권에서 금융기관에 채권 발행을 제안하는 일을 맡았을 때, 다른 동료의 의견에 눌려서 자신이 납득할 수 있는 금리 수준으로 제안을 할 수 없었던 일. 그 결과 거래에 실패한 일.

③다이와 증권에서 멕시코와의 거래를 담당했을 때 다른 회사에 지고 말았던 일.

나카자와는 그중에서 2010년 멕시코와 직접 거래했을 때가 배운 점이 가장 많았다고 한다.

다이와 증권은 2009년 멕시코 정부가 1,500억 엔 규모의 엔화표시외채를 발행했을 때 주간사를 맡고 있었다. 국제협력은행ᴶᴮᴵᶜ이 원본元本 금액 및 이자의 일부를 보증하는 사모私募 형식의 엔화표시외채였다.

일본에서 자금조달을 한 멕시코 정부가 2010년 다시 채권을 발행한다고 했을 때, 다이와 증권은 당연히 이번에도 자사가 인수회사로 지명되리라고 믿어 의심치 않았다. 나카자와와 동료들은 늘 하던 대로 금리 조건 등을 기록한 제안서를 작성해 멕시코 정부에 제출했다. 그뒤 투자가를 소개하고 로드쇼(각지에서 개최하는 투자가 설명회)에도 함께 참가했다.

이것으로 준비 끝! 누구나 이렇게 생각했다고 한다.

그런데 정작 발표된 인수회사 중에 다이와 증권은 없었다. 그 대신 경쟁회사의 이름이 들어가 있었다.

"이유를 알아보았더니 경쟁회사는 멕시코 정부와 긴밀하게 커뮤니케이션을 취하고 있었습니다. 상대가 불안하게 여기는 점을 알아내어 하나하나 해소해나갔던 것이죠. 다이와 증권이니 괜찮겠지, 이 정도 해두면 되겠지 하는 교만이 우리 안에 똬리를 틀고 있었고, 그것이 패인이었습니다."

외국의 금융기관이 일본에서 엔화표시채권을 발행하는 일은 쉬운 일이 아니다. 실은 유명한 금융기관조차 불안해한다고 한다. 그렇기 때문에 발행체는 금리 등 표면상의 조건뿐만 아니라 발행하는 측의 니즈에 어느 정도나 대응해주는지, 어떤 사소한 문제에도 신속하게 대응해주는지도 중시해서 인수회사를 선택한다는 것이다.

이런 잘못은 더는 반복하지 않겠다!

나카자와와 동료들은 이때의 교훈을 살려, 그뒤 발행체와의 커뮤니케이션을 가능한 한 긴밀하게 취하려 했다. 그것을 맨 처음 실행한 경우가 영국 로이즈 TSB와의 거래였다.

"어쨌든 열심히 컨퍼런스 콜을 했습니다. 일본의 변호사를 소개하고 발행 스케줄을 제안하거나 발행 프로세스를 설명하는 등 상대의

하버드 합격기준

니즈에 즉각적으로 대응했습니다. 이때는 특히 로이즈 TSB가 일본에서 처음으로 엔화표시외채를 발행하려던 때라서 불안감을 없애기 위해 최대한 노력했죠."

이때 나카자와의 영어 커뮤니케이션 능력이 빛을 발했다. 일본 쪽 관계자 중에서 영어로 자유롭게 커뮤니케이션을 할 수 있는 사람이 별로 없기도 해서, 나카자와가 스스로 창구 역할을 했다. 그리고 20대 나름의 리더십을 발휘해보려고 최대한 주의를 기울였다.

로이즈 TSB는 2010년 다이와 증권을 주간사로 삼아 300억 엔 규모의 엔화표시외채를 발행해 일본 시장에서 자금을 조달하는 데 성공했다. 그리고 "다이와 증권 없이 엔화표시외채 발행은 생각할 수 없다"며 그다음에도 다이와 증권을 주간사로 선정했다.

거래를 성공시키는가 못하는가를 결정하는 것은 인간관계와 커뮤니케이션이다. 금융이라고 해도 결국 결정하는 것은 사람이다. 작은 노력이 큰 거래를 성공시킨 것이다.

"기본으로 돌아가 상대의 입장에서 생각하는 것. 이것을 멕시코의 실패와 로이즈의 성공으로 배웠습니다. 비즈니스 세계에서는 지난번에 의뢰했으니 이번에도 그럴 것이라는 보장은 어디에도 없는 거죠."

하버드의 에세이는 이때의 실패 체험을 돌아보면서 적었다. 리더로서의 겸허한 태도를 중시하는 하버드가 체크해보고 싶은 사례가 아니었을까.

귀국 자녀 네트워크를 자극제로 활용하다

네번째 질문 "입학심사위원회로부터 어떤 질문을 받고 싶은 가?"에 대해서는 "인생에서 가장 큰 영향을 받은 사람은 누구인가?" 라는 질문을 내세우고 그 대답을 적었다.

나카자와가 인생에서 가장 큰 영향을 받은 사람들은 2000년 가와이주쿠 입시학원의 해외 귀국생 코스에서 만난 귀국자녀 친구들이었다. 초등학교부터 고등학교까지를 미국에서 다닌 나카자와는 대학입시를 치르기 위해 일본에 귀국했을 때 일종의 문화충격에 빠지고 말았다.

"가라오케는 태어나서 한 번도 가본 적이 없었고, 켄터키에는 전철이 없었기 때문에 전철을 타본 적도 없었죠. 시부야에 가면 사람들로 넘쳐나고 외모도 모두 비슷비슷하고……. 뭐야 이건 대체. 제가 일본인이라서 더욱더 충격을 받았는지 모릅니다."

이때 똑같이 일본에서 문화충격을 맛본 귀국자녀 친구들이 나카자와에게 큰 힘이 되어주었다. 모두 해외에서 오래 생활했던 만큼 나카자와와 쉽게 친해졌다.

'이들은 나를 이해해주는구나' 싶었고, 그러면서 일본에서 진정한 친구가 생겼다고 느꼈다. 그 친구들은 나카자와에게 국제적인 시야를 갖게 해주었다.

"그들을 만나서 세계의 이러저런 문제들에 관심을 갖게 되었습니

하버드 합격기준

다. 태국에서 온 친구는 저를 태국에 데리고 가서 빈민가를 둘러보도록 해주었습니다. 그때 처음으로 지구상에 존재하는 빈부격차 문제를 실감했습니다."

나카자와는 친구들을 통해서 유럽, 중국, 한국, 필리핀, 인도네시아, 베트남 등 미국 이외의 나라들에 관심을 갖게 되었다. 나중에 다이와 증권에서 유럽이나 캐나다의 발행체를 담당하게 되고, 개발도상국을 지원하는 마이크로 파이낸스 펀드를 개발하는 일에 적극적으로 참여하게 된 것도 그들에게 영향을 받았기 때문이다. 나카자와는 이런 경험을 에세이에 적어서 제출했다. 이문화 체험은 글로벌 리더가 되기 위한 필수 요소이기 때문이다.

현재 이 귀국자녀들은 전 세계에 흩어져 있으며 몸담고 있는 업종도 다양하다.

"바르셀로나에서 귀국한 친구는 배우가 되었고, 독일에서 귀국한 친구는 태국과 파리에서 헤어 스타일리스트를 하고 있습니다. 그들은 업종이나 국가에 연연하지 않고 대학 시절부터 품었던 꿈을 이루기 위해 노력하고 있지요. 그런 모습을 보면 저 역시 제 꿈을 이루기 위해 도전해보리라고 새삼 다짐하게 됩니다."

나카자와는 하버드를 졸업한 뒤에는 "일본에서 '뭔가 큰 일'을 하고 싶다"고 한다. 하버드 동급생들은 종종 미국에 남지 않을 거냐고 물어오지만, 우선은 일본에서 일하고 싶다고 한다.

무카에 가즈마사

- 1982년 효고현에서 태어났다. 7세부터 12세까지는 미국 뉴욕 주에서 생활했다.

- 시부야 교육학원 마쿠하리 고등학교를 거쳐, 2006년 히토쓰바시 대학 경제학부를 졸업했다. 그해 미쓰이 물산 주식회사에 입사했다.

- 재무부에서 개발도상국을 대상으로 하는 대규모 프로젝트 파이낸스에 참여한 뒤, 경리부에서 연결결산이나 사내 회계 컨설팅 업무에 종사했다.

- 2012년 하버드 대학 경영대학원에 입학했으며, 2014년에 MBA를 취득할 예정이다.

미쓰이 물산에서 파견되어 하버드 대학 경영대학원에 유학하고 있는 무카에 가즈마사는 현재 31세다. 입학시 평균연령이 27세라는 하버드 학생들 중에서는 나이가 많은 축에 속한다.

　"사실 저는 해외유학 사내 시험에서 두 번이나 떨어졌습니다. 불퇴전의 결의로 세번째 도전하여 합격한 거죠."

　하버드를 목표로 삼은 것은 입사 4년차 때였다. 미쓰이 물산에는 꽤 많은 하버드 졸업생이 활약하고 있는데, 그중 한 사람과 함께 해외출장을 갔을 때 충격을 받았다. 그 사람은 지금까지 만난 그 어떤 선배보다도 뛰어났다.

　"협상력이나 비즈니스 진행 방식을 보고 혀를 내둘렀습니다. 제 자신이 부족하다는 점을 절실히 느꼈고 저도 그 선배처럼 되고 싶다는 생각이 자연스럽게 들었죠. 그러면서 하버드를 지망하게 되었고요."

　입사 4년차인 2009년에 사내 시험에 응모했지만 결과는 불합격이었다. 이듬해에 다시 도전했지만 또 떨어졌다.

　그래도 무카에는 포기하지 않았다.

　자기가 하고 싶은 일을 하기 위해서는 MBA를 꼭 취득해야 한다는 신념이 있었다. 자극을 받으려고 읽은 책에, 로손의 니나미 다케시新浪剛史 회장이 미쓰비시 상사의 기업 파견 유학시험에 두 번이나 떨어졌다고 쓰여 있었다. 니나미 회장은 세번째 도전에서 합격하고 하버드 대학 경영대학원에 들어갔다.

"니나미 회장도 두 번이나 떨어졌잖아. 그런 생각으로 한 번 더 도전해보기로 했지요."

2011년에는 사내 시험에 세번째로 도전해서 보란듯이 합격했다. 그리고 하버드에 유학했다.

하버드의 에세이나 면접에서 무카에는 개발도상국 비즈니스에 대한 생각을 피력했다.

무카에는 대학 시절에 1년 동안 휴학을 하고 아시아 대륙 13개국을 육로로 돌아다녔다. 여행지 곳곳에서 개발도상국이 안고 있는 빈부격차 문제를 눈으로 직접 확인했다. 태국 치앙마이에서는 부모를 에이즈로 잃고 HIV에 모자 감염된 고아들을 돌보는 시설에서 봉사활동을 했다. 이때 "아무리 훌륭한 이념이라도 돈이 없으면 실현할 수 없는" 현실을 절감했다.

일본이라는 간판을 등에 업고 비즈니스를 펼쳐 개발도상국에 기여하고 싶다. 이런 생각을 품고 미쓰이 물산에 입사해, 개발도상국을 대상으로 하는 프로젝트 파이낸스 업무를 맡았다. 일을 하면서 한편으로는 젊은 사회인들이 모여 공부하는 단체인 '콤파스 포인트'를 친구들과 함께 만들었고 프로보노 활동도 지원했다.

그럼, 무카에가 사내 시험에서 두 번이나 떨어졌는데도 좌절하지 않고 다시 도전해서 하버드에 합격한 비결을 살펴보자.

전술 리더로서 라크로스부를 변화시키다

'지금까지 성취한 일'로 무카에는 미쓰이 물산, 콤파스 포인트, 그리고 히토쓰바시 대학 남자 라크로스부에서 리더십을 발휘한 경험을 적었다.

> ①미쓰이 물산이 중동의 인프라 사업을 수주했을 때, 중동계 은행으로
>   부터 거액의 자금조달에 성공한 일.
> ②젊은 사회인 학습단체인 콤파스 포인트를 친구들과 함께 설립한 일.
> ③히토쓰바시 대학에 다닐 때 전술 리더로서 남자 라크로스부를 간토
>   지역 4강팀으로 이끈 일.

무카에는 2001년 히토쓰바시 대학에 입학한 뒤 남자 라크로스부

에 들어갔다. 라크로스를 해본 적은 없었지만 '강한 팀에 속해 있어 보고 싶어서' 가입했다. 라크로스라는 스포츠보다는 승리를 하는 조직이라는 점에 흥미가 있었다고 한다.

이 대학 남자 라크로스부는 1990년에 창단되었다. 무카에가 들어갔을 때는 1부 리그에 이름을 올리긴 했지만 준결승에도 진출하지 못하는 상황이 이어지고 있었다.

무카에가 전술 리더가 된 것은 3학년 때였다. 2학년 때는 게이오 대학 등에 패하여 5년 연속 조 3위로 끝났다.

"훌륭한 전술이 있는데 그것을 제대로 구사하지 못하는 상황이었습니다. 하나하나의 플레이에 선수 전원이 공통된 판단기준과 행동기준을 갖고 있지 못한 점이 문제였죠."

무카에는 일본 라크로스 협회에서 공인 지도자 자격을 땄다. 그리고 팀 전원이 전술을 철저하게 공유하고 익히도록 하기 위해 다음 세 가지를 실천했다.

- 전술회의 시간에 전술의 본보기가 되는 비디오를 반복해서 보여주었다.
- 연습 중에는 플레잉코치 역할을 맡아서 선수의 몸을 잡아당기는 등 함께 움직이며 그때그때의 판단기준과 행동기준을 선수들에게 철저하게 주입시켰다.
- 전술을 익히지 못한 선수가 있으면 호각을 불어 플레이를 중단시키고 팀 전원을 그 자리에 세워둔 채 무엇이 잘못되었는지를 모두가 이해하도록 하고 나서 다시 한 번 시도했다.

또한 전해에 초빙한 호주 대표팀 코치에게 전술을 익히고, 체력 전문 트레이너와 함께 체력과 근력을 강화하는 프로그램을 짜는 등 전문가의 힘을 빌려 팀을 강화시켰다.

연습은 1주일에 5일을 오전 7시 15분부터 오후 1시까지 했다. 오후에는 시합이나 연습 때 찍은 비디오를 분석하고 전술회의를 하거나 체력훈련을 했다. 이 무렵에 무카에는 모든 에너지를 라크로스에 쏟아부었다. 그 결과 팀은 점점 강해져, 2004년 제17회 간토 학생 라크로스 대회에서 간토 4강에 들었다. 팀이 창단된 이래 처음으로 이룩한 쾌거였다.

이 경험을 하버드 에세이에 적은 것은 그것이 회사에서 리더가 경영전략을 실행하는 과정과 비슷하다고 생각했기 때문이다.

"저는 명확한 목표가 있으면 목표 달성을 위해 리더십을 발휘하는 유형입니다. 새로운 연습 방법을 도입하는 가운데 팀이 조금씩 바뀌어가는 것을 느꼈지요. 전술 리더로서 자신감을 얻게 되었습니다. 이때의 경험을 20대에 이루어낸 일로 하버드에 이야기하고 싶었죠."

학습단체 존폐 위기를 문제 해결 능력으로 극복하다

무카에는 좌절 체험에 대해서도 미쓰이 물산, 콤파스 포인트, 히토쓰바시 대학 남자 라크로스부에서 체험한 일을 적었다.

①아프리카의 금속자원사업에 투자하는 프로젝트에서 어떤 금융기관으로부터 자금 조달을 하는 일을 처음부터 포기해버린 일.
②학습단체 콤파스 포인트에서 참가자를 모을 수 없게 된 일.
③라크로스 간토 대표팀 멤버로 선출되었지만 달리기, 체력, 기술 등에서 평균점에 그쳐, 팀에 부가가치를 가져다줄 수 없었던 일.

미쓰이 물산에 입사하고 2년째인 2007년 12월, 무카에는 고누마 다이치(小沼大地, 현 NPO 법인 크로스 필즈 대표이사)를 비롯해서 히토쓰바시 대학 남자 라크로스부의 동기들과 함께 젊은 사회인 학습단체인 콤파스 포인트를 설립했다.

콤파스 포인트는 "정열을 지닌 모든 사람이 다양한 세계의 사람들과 만나 활약할 수 있는 세상을 실현하자"라는 목표 아래 사회적 기업가를 초대해서 학습모임을 갖거나 젊은 사회인들의 프로보노 프로젝트를 지원하는 활동을 했다. 무카에를 포함한 창립자 네 명은 소속된 회사는 달랐지만, 한집에서 지내며 업무 이외의 시간을 콤파스 포인트 활동에 쏟았다. 물론 아무런 대가 없는 봉사 활동이다.

첫해인 2008년에는 한 달에 한 번 강사를 초빙해서 학습모임을 열었다. 참가자가 40명이 넘어, 콤파스 포인트는 나날이 확대되었다.

그런데 2009년이 되자 학습모임을 열어도 사람들이 모이지 않았다. 참가자가 너무 적으면 초빙강사에게 신뢰를 잃을 수 있다. 그래서 무카에와 동료들은 학습모임을 열 뿐만 아니라 외부 회원까지 모집하게 되었다.

"대체 뭘 위해 우리가 이렇게 회원들을 모으려고 뛰어다니는 거지?"

어느 날 아침 도쿄 후도마에 역 근처의 조나단이라는 레스토랑에서 창립 멤버 한 사람이 이렇게 불쑥 내뱉었다.

"우리들의 역할은 이제 끝난 건가?"

"어떻게 할래? 이제 그만둘까?"

콤파스 포인트 창립 이래로 처음 겪는 위기였다. 비관적인 의견이 나오는 가운데, 무카에는 왜 학습모임에 사람들이 오지 않게 되었는지 조사해보자고 제안했다. 설문조사 등을 해본 결과, 한 가지 사실을 알게 되었다. 참가자들이 앉아서 배우는 것뿐만 아니라 뭔가 행동을 하고 싶어한다는 것이었다.

"학습모임만으로는 성이 안 찬다."

"학습모임도 처음에는 신선했지만 몇 번 참석해보니 내용이 비슷비슷해서 이제 그만 와도 되겠다는 생각이 들었다."

"뭔가 구체적인 일을 하고 싶다."

이런 피드백을 받고, 무카에와 동료들은 뭔가 구체적인 프로젝트를 시작하기로 마음먹었다. 그래서 NPO 법인 'TABLE FOR TWO International(TFT)'의 고구레 마사히사小暮真久 대표이사를 강사로 초빙했을 때는 TFT에서 어떤 프로젝트를 진행할 수 있는지 아이디어를 모으기로 했다.

TFT는 일본을 포함한 선진국에서 특정한 저칼로리식을 구입하면 한 끼당 20엔이 개발도상국 아이들의 학교급식에 기부되는 프로그램을 제공하고 있다. 선진국의 비만 문제를 해소하는 한편 개발도상국을 지원하기 위한 프로그램이다.

TFT와 손잡고 무엇을 할 수 있을까? 학습모임의 몇몇 참가자들이 도시락을 만들어 팔자는 제안을 했다. 과식을 막는 도시락은 비만 예방으로 이어진다. 이는 TFT의 이념에도 부응하는 제안이라서 정식으로 채택되었다. 2010년 3월, 콤파스 포인트에서 만든 도시락은 도쿄 시부야의 도큐한즈 등에서 판매되어 며칠 만에 다 팔렸다. 물론 도시락 하나당 20엔이 개발도상국에 기부되었다.

도시락 프로젝트가 성공하자, 콤파스 포인트에 다시 사람들이 모이기 시작했다. 2014년 현재 콤파스 포인트에는 350명이 동참하고 있다. 뜻있는 젊은 사회인들이 모이는 커뮤니티로서 앞으로도 다양한 프로젝트를 펼쳐나갈 예정이다.

"참가자들이 처음에는 학습모임을 원하다가 나중에는 구체적인 행동을 하고 싶어하는 모습을 보고, 조직은 목표를 바꾸지 않더라도 꾸준히 진화시켜나갈 필요가 있다는 생각을 했습니다. 그리고 창립자들 스스로 끊임없이 가슴 두근거리는 일을 해야만 사람들이 따라온다는 점도 배웠고요."

실제로 회사나 NPO 등의 조직을 설립해본 경험이 있는 사람은 귀중한 인재다. 제로에서 하나를 창출할 수 있는 사람은 사회에 부가가치를 가져다주는 사람이며 세계를 변화시킬 수 있는 사람이기 때문이다.

▐▌ '사내 관료'가 된 자신을 반성하다

무카에는 미쓰이 물산에서 여러 번 좌절하고 실패도 했는데, 그중에서 2006년 아프리카 금속자원사업의 프로젝트 파이낸스를 담당했던 이야기를 에세이에 적었다.

입사하고 1년이 지나 업무에 어느 정도 익숙해졌을 때 겪은 일이다. 무카에는 재무부에 소속되어 각 사업본부의 투자 프로젝트와 관련해 자금을 조달하는 일을 맡고 있었다. 그때 아프리카 금속자원사업의 영업담당자가 "B은행에 융자를 신청하고 싶으니 사전합의서 Letter of Intent를 준비해달라"고 요청해왔다. 사전합의서는 영업부가 프로젝트를 진행할 때 반드시 필요한 서류다.

무카에는 즉시 B은행의 융자방침이나 과거의 실적을 확인해보았지만 비슷한 전례가 없어서 이 사업에서 융자를 받기는 어려워보였다. 영업담당자에게 가서 사정을 설명했다.

"융자는 어렵겠는데요. B은행의 융자방침이나 과거의 실적으로 볼 때 아무래도 안 될 것 같습니다."

그러자 담당자는 엄한 어조로 이렇게 말했다.

"어렵겠다니, 무슨 말인가? 은행 쪽에 분명히 확인해보았는가?"

"아닙니다. 다만 과거 실적과 융자방침을 살펴보았더니……."

"안 되는 이유를 생각할 게 아니라 되는 방법을 찾아보는 것이 자네가 할 일 아닌가!"

질책을 받고는 그 길로 상사에게 가서 상의를 하고 영업담당자와

함께 은행을 방문했다. 무카에 일행은 B은행의 융자방침을 확인하고
는 이 프로젝트의 투자가치가 어느 정도인지를 설명했다. 그러자 B
은행은 융자를 검토해주었다. 사실 이 은행에서는 과거에 융자한 전
례가 없어도 기업의 니즈와 목적에 따라 유연하게 융자를 해왔던 것
이다. 미쓰이 물산 팀은 결국 B은행으로부터 사전합의서를 얻어내는
데 성공했다.

여러 가지 실패 중에서도 굳이 이 경험을 하버드에 소개한 까닭은
자신이 어느 사이에 '사내 관료'처럼 행동하게 되었음을 깨달았기 때
문이다.

"'과거의 실적으로 볼 때 아무래도 안 될 것 같다'가 아니라 '어떻
게 하면 융자를 받을 수 있는지 필사적으로 달려들어야' 했던 것이
죠. 저도 모르는 사이에 관료처럼 행동하게 된 점을 깨닫고 깊이 반
성했습니다."

이 실패를 계기로 무카에는 '가능한 방법을 찾아내어 움직인다'는
말을 명심하고 업무에 임하게 되었다. 그리고 이 경험이 빛을 발한 것
은 몇 년 뒤 미쓰이 물산이 중동지역의 인프라 사업을 수주해서 자금
조달을 할 때였다.

무카에가 소속된 재무부는 거액의 자금을 단기간에 조달해야 했
는데, 리먼 쇼크 뒤라서 기존에 거래가 있던 구미의 외자계 금융기관
으로부터 융자를 끌어내기가 만만치 않은 상황이었다. 무카에는 "안
되는 이유를 생각할 게 아니라 되는 방법을 찾아보는 것이 자네가 할
일"이란 말을 떠올리고, 불가능한 일을 가능한 일로 바꿀 수 있는 방

법을 생각했다. 그러자 전혀 다른 일로 거래가 있던 중동계의 X은행이 머리에 떠올랐다.

"이 은행에 부딪쳐볼까?"

다급해진 미쓰이 물산 팀은 즉시 싱가포르로 가서 X은행과 융자 조건을 놓고 협상을 했다. X은행은 융자 구상에 동의하고 예상 외로 간단하게 융자를 결정했다.

"그동안 거의 접점이 없던 중동계 금융기관과 직접 접촉했던 것인데, 이 일로 새로운 길을 뚫었다고 생각합니다."

무카에는 이 경험을 '성취한 일'의 하나로 적었다. 재무부의 일원으로서 수행한 일이었지만, 스스로 리더십을 발휘하여 난관을 극복하는 데 기여했다는 긍지를 느낀 경험이었기 때문이다.

극빈층을 위해 비즈니스를 창출하다

무카에가 하버드를 지망한 것은 비즈니스를 추진하는 데 필요한 리더십과 제너럴 매니지먼트 기술을 익히고 싶었기 때문이다.

대학 시절에 상하이에서 카이로까지 아시아 대륙을 육로로 횡단하면서 개발도상국의 빈곤, 격차, 불공정, 부조리 등을 눈으로 확인했다. 또한 개발도상국을 발전시키기 위해 땀을 흘리는 수많은 일본인들을 만났고, 일본 제품을 사랑하는 현지 사람들도 만났다. 그뒤 세계가 안고 있는 문제를 일본의 기술력이나 서비스를 활용해서 비즈니스를 통해 해결하고 싶다는 생각을 갖게 되었는데, 이것이 무카에가 활동할 수 있는 원동력이다.

하버드에 제출한 에세이에는 졸업한 뒤 미쓰이 물산에서 극빈층 대상의 비즈니스를 전문으로 추진하는 부서를 설립하고 그 리더가 되고 싶다고 적었다. 미쓰이 물산도 인도네시아에서 마이크로 파이낸스 사업을 벌이고 있지만, 아직 이 분야의 비즈니스는 발전 과정에 있다.

상하이에서 치러진 면접 때도 개발도상국에서 경험했던 일을 열띤 어조로 소개했다.

"개발도상국 비즈니스를 하고 싶다거나 해왔다는 사람이 하버드에 부지기수로 응시합니다. 그중에서 당신이 하버드에 합격해야만 하는 이유는?"

"저는 대학을 휴학하고 1년 동안 개발도상국의 현실을 제 눈으로 직접 보았습니다. 13개 나라에서 현지 사람들과 함께 생활하면서 봉사 활동도 했습니다."

수마트라 섬 지진해일의 피해를 입은 피피 섬에서는 기와 조각을 수거하는 봉사 활동을 했고, 시리아에서는 청년해외협력대의 활동에도 참가했다.

면접관은 이 이야기에 깊은 감명을 받았다.

"이런 특별한 체험을 왜 좀더 자세하게 에세이에 쓰지 않았나요?"

에세이 여기저기에서 언급했지만, 분량이 제한되어 있어서 구체적으로는 전달되지 않은 모양이었다.

"대학 시절에 휴학을 하고 개발도상국을 돌아다닌 일은 저에게는 어디까지나 출발선이지 '인생에서 이루어낸 일'은 아닙니다. 이것은 종합상사에 취직하고, 프로보노 활동을 하고, 하버드에 응시했던 나의 원체험인 것이죠."

상하이 면접 때는 종합상사에서 일하는 의미 등의 까다로운 질문이 이어졌고, 면접이 끝난 순간 '아, 떨어졌구나' 하는 느낌이 들었다고 한다. 그런데 결과는 합격이었다.

"대학 동급생들이 모두 취직 활동을 하는 상황에서, '취직이 1년 늦어지더라도 아시아 각국을 돌면서 내 눈으로 직접 보고 체험했던' 것이 스스로 계획을 세워 인생을 개척해나간 것으로 평가받았는지도 모릅니다. 제 인생의 목표를 이루기 위해 이런 활동을 해왔다는 점을 강조했죠."

당신은 자신의 인생을 주체적으로 이끌어왔는가?

이 점을 철저하게 파고드는 것이 하버드의 에세이이고 면접인 것이다.

야마모토 리에

- 1983년 구마모토현에서 태어났다. 10세부터 18세까지 영국에서 성장했다.
- 릿쿄 영국학원을 거쳐 2007년 조치 대학 외국어학부 영어학과를 졸업했다.
- 그해에 주식회사 히타치 제작소에 입사했다.
- 국제정보통신 총괄본부 영업본부 IT플랫폼 영업부에서 주로 일류 글로벌 기업을 상대로 서버 영업에 종사했다.
- 2012년 하버드 대학 경영대학원에 입학했고, 2014년에 MBA를 취득할 예정이다.

히타치 제작소에서 파견되어 하버드 대학 경영대학원에 유학 중인 야마모토 리에는 유일한 제조업 출신 유학생이다. 이 회사의 유학생 파견 역사에서도 수십 년 만의 하버드 합격이라는 쾌거였다.

　하버드의 수업에서는 일본 제조업에 관한 사례 연구가 종종 소개되지만, 제조업계에서 일하다가 하버드에 들어온 일본인 유학생은 극히 드물다. 일본의 제조회사에서 파견되는 유학생 수가 전반적으로 줄고 있는 점도 이유 중 하나다.

　"저는 다른 하버드 학생들과 같은 수재형이 아닙니다. 제조업 출신의 일본인 여성은 하버드 수험자 중에서도 드물다보니 아무래도 그 점이 돋보였던 게 아닐까요?"라고 야마모토는 겸손하게 말했지만, 중공업·제조업 출신자는 하버드 입학자 중에서도 7%(2012년 입학자)에 불과했다. 분명 다른 사람에게는 없는 뭔가 뛰어난 점이 있을 것이다.

　야마모토는 에세이나 면접에서 학생 시절에 겪은 풍부한 해외 경험과 히타치 제작소에서 리더십을 발휘한 경험을 이야기했다.

　"'일본인으로서의 나'에 대해 긍지를 갖고 소개하려 했습니다. 일본에서 일하고 있으면 실감이 나지 않지만, 일본은 문화수준이 높고 GDP가 세계 3위인 대단한 나라입니다. 하버드의 수업 때도 이런 '대단한 나라에서 왔어요'라는 자신감을 갖고 발표를 하려고 노력하고 있습니다."

　히타치 제작소에 입사한 것도 어렸을 때부터 일본인으로서의 긍지를 느꼈기 때문이다.

"런던의 전기제품 가게에서도 일본 제품이 인기가 높았는데, 외국 사람들이 일본 제품을 사가는 것을 보면 왠지 기뻤어요. 그런 기분이 원체험이 되어서 히타치에 취직하게 된 거죠."

하버드에 응시하게 된 계기는 동일본 대지진이었다.

"자연재해에도 끄떡없는 인프라를 세계에 구축하고 싶다."

야마모토는 졸업 후의 목표를 이렇게 내걸었다. 야마모토가 쓴 에세이는 '일본인으로서의 나'를 강하게 의식한 내용이었다.

과제 에세이 설문(2011년 수험생)

1. 당신이 지금까지 성취한 일을 세 가지 적어주십시오. (600단어)
2. 당신이 좌절했던 경험을 세 가지 적어주십시오. (600단어)
3. MBA를 취득하려는 이유는 무엇입니까? (400단어)
4. 우리(입학심사위원회)에게 어떤 질문을 받고 싶습니까? 그리고 그 질문에 답해주십시오. (400단어)

일본 제조업의 시스템을 차분하게 설명하다

야마모토는 하버드 에세이에 일본에서 경험한 리더십에 대해 적었다.

①조치 대학 럭비부의 매니저로서 럭비부가 간토 대학 럭비 대항전 B그룹 결승전에 진출하는 데 기여한 일.
②히타치 제작소의 영업 담당으로서 미국 제휴기업의 담당자와, IT플랫폼 사업본부 가나가와 사업소의 엔지니어들 사이에서 커뮤니케이션을 도와 문제를 해결한 일.
③히타치 제작소와 미국 제휴기업이 계약을 체결할 때, 샌프란시스코의 변호사와 협조하여 상호간에 이익이 되는 계약 내용을 제안한 일.

일본의 대표적인 글로벌 기업은 누가 뭐래도 제조회사다. '포춘 글로벌 500'(세계적으로 매출액이 높은 기업 500)에는 도요타 자동차, 히타치 제작소, 파나소닉, 소니 등의 제조회사가 상위에 올라 있다.

야마모토는 에세이에 일본 제조업의 실태는 어떠하며, 어떤 논리로 움직이고 있는지에 초점을 맞춰 알기 쉽게 쓰려고 했던 모양이다.

야마모토는 히타치의 영업 담당으로서 일본과 미국 양측 사이에 서서 커뮤니케이션이 원활하게 이루어지도록 도운 일을 특히 자랑스럽게 생각하고 있다.

2010년 당시 야마모토는 미국의 제휴기업에 서버를 판매하는 일을 담당하고 있었다. 고객은 정기적으로 제품뿐만 아니라 제휴기업인 히타치에 대한 평가도 보내주기로 되어 있었다.

영업 담당은 고객이 보내준 피드백을 현장에서 활용할 수 있게 해야 한다. 그러나 야마모토가 영업 담당이 되기 전까지는 고객의 평가라 해도 그저 일본어로 번역해서 현장에 보내줄 뿐이었다. 제조 현장에서는 그런 평가를 받아들여 부분적으로 개선을 해나갔고, 이같은 흐름이 계속 이어졌다.

그런데 어느 날 미국으로부터 상당히 엄한 평가가 전해졌다. "의사 결정이 더디다", "개발 속도가 느리다" 등으로 히타치의 조직이나 체제 자체에 대한 불만 일색이었다.

'미국측은 일본 기업의 사정을 이해하지 못하고 있는 게 아닐까. 내가 그 사이에 들어가 할 수 있는 일이 있지 않을까.'

야마모토는 가나가와의 제조 현장으로 달려가서 20여 명의 베테랑 엔지니어들에게 미국에서 날아온 피드백을 자세하게 전달하려고 했다.

"평가의 축이 다섯 개인데다 꽤나 세세한 내용이라서 그대로 번역해놓으면 이해하기가 어려울 것 같았습니다. 그래서 각각의 평가에 대해 요점을 세 가지로 정리해서 설명했지요."

그러자 의외로 현장 사람들이 적극적으로 받아들여주었다.

"기존에는 평가만 달랑 보내왔는데, 이번에는 친절하게 설명을 해주어서 미국측의 의도를 잘 알 수 있었습니다. 고맙습니다."

설명을 마치자 이런 반응이 잇달았는데, 문제는 그다음이었다.

어떻게 개선해나가면 좋을까…….

야마모토는 엔지니어들과 협력해서 당장 해결할 수 있는 문제와 해결할 수 없는 문제로 나눠, 해결할 수 있는 문제에 대해서는 구체적인 개선책을 세우고, 해결할 수 없는 문제에 대해서는 왜 할 수 없는지를 미국 기업에 설명하기로 했다.

하버드 합격기준

야마모토가 영업 담당자의 입장에서 설명한 것도 있고, 엔지니어 책임자가 직접 설명한 것도 있었다. 어쨌든 차분하게 설명하기 위해 주의를 기울였다.

"그제야 이쪽의 내부 사정을 이해한 것 같더군요. '이런 이유로 개발이 늦어지고 있구나', '일본 기업은 이런 시스템으로 움직이고 있구나' 하는 것을 알았을 뿐인데도 미국측의 불만이 해소된 것 같았습니다."

야마모토는 일본 기업은 이렇고 일본 사회는 이런 것이라는 식으로 대충 설명하지 않았다고 한다. 예컨대 원자재를 구입할 때도 일본의 제조회사는 상사를 통해 구입하기 때문에 리드타임(발주에서 납품까지의 시간)이 생긴다. 일본에서는 당연한 이런 시스템도 미국측으로서는 이해하기가 어렵다. 그래서 서로 다른 관행을 전화회의나 이메일로 일일이 알기 쉽게 설명했다.

야마모토와 엔지니어들의 이런 노력이 결실을 맺어, 반년 뒤에는 제휴를 맺은 이래로 최고의 평가를 받게 되었다. 야마모토가 리더십을 발휘해 문제를 해결하려고 노력한 결과였다. 현재 하버드의 수업에서는 일본 기업에 대해 발언하는 경우도 많은데, 이때의 경험을 살려서 일본 기업의 비즈니스 모델이나 관행까지 차분하게 설명해주고 있다.

경쟁사에 패한 이유를
고객에게 직접 물어보다

야마모토는 다음과 같은 세 가지의 좌절 체험을 에세이에 썼다.

① 캘리포니아 대학 로스앤젤레스 캠퍼스UCLA에 유학했을 때, LGBT(성
  적 소수자의 총칭) 친구가 정체성 위기에 빠져 고민하는데도 친구로서
  아무것도 도와줄 수 없었던 일.

② 히타치 제작소에서 일할 때, 팀 전체를 한 걸음 물러서서 보지 못하고
  상사나 주위 사람들과도 커뮤니케이션을 제대로 못하는 상태에서 온
  갖 일을 혼자 끌어안고 있었던 일.

③ 히타치 제작소에서 일할 때, 신제품 개발 및 판매 수주 경쟁에서 다
  른 아시아계 기업에 패한 일.

그중에서도 특히 아쉬운 것은 2012년 일류 글로벌 기업으로부터
신제품의 개발·판매를 수주하지 못했던 일이다. 미국 기업의 담당자
가 일본으로 와서 히타치를 방문해 "새로운 제품을 구입하고 싶다"고
직접 의뢰해온 것이었다. 야마모토 팀은 그 기업과 전에도 여러 번 거
래한 적이 있어 관계가 좋은 편이었다.

"다음에도 또 함께할 수 있겠죠?"

돌아가는 길에 이런 대화까지 나누었고, 그런 만큼 야마모토 팀은
당연히 이번에도 자신들에게 발주를 해주리라고 넘겨짚고 있었다. 서

둘러서 견적의뢰서를 수령해 정식 서류를 제출했는데, 몇 주 뒤 미국 측 담당자에게서 뜻하지 않은 연락이 왔다.

"견적 내용을 검토한 결과, 이번에는 귀사로부터 수주하는 것을 보류하고 싶습니다."

도대체 왜!

야마모토를 비롯해서 모두가 그 상황을 납득할 수가 없었다.

수주를 받지 못한 이유를 내밀하게 조사해본 결과, 다른 아시아계 기업이 저렴한 가격으로 수주한 사실을 알게 되었다. 야마모토 팀은 히타치 제품의 품질과 서비스에 절대적인 자신감을 갖고 있었다. 일본의 우수한 인재가 정열을 기울여서 만든 제품이며, 품질 면에서 다른 아시아계 기업과도 큰 차이가 났다. 수주한 아시아계 기업 사람들은 "긍지를 갖고 제품을 만든다"는 의식도 없는 것 같았다.

단지 비용 때문에 거절당했나 싶어 분하기 그지없었다. 야마모토는 큰 충격을 받았다.

몇 달 뒤 야마모토는 과감하게 행동에 나섰다. 미국측 담당 매니저 C가 다른 일로 일본에 온 것인데, 야마모토도 회식 자리에 참석하게 되었다.

그 사람을 만나면 수주를 받지 못한 이유를 물어볼 참이었다.

회식 중이라서 일 이야기를 꺼내기가 망설여졌지만 용기를 내어 물어보았다.

"그런데 미스터 C, 저희는 저렴한 비용으로 높은 품질의 제품을 만들어달라는 귀사의 요청을 어떻게 하면 들어줄 수 있을지 무척 난감합니다. 둘 다를 동시에 만족시키기는 어렵기 때문입니다."

그러자 C는 이런 식으로 힌트를 주었다.

"최고의 품질과 최저의 가격을 동시에 이루어낼 수는 없겠지만, 품질과 가격의 조합 중에서 스위트 스팟은 몇 가지가 있지 않을까요?"

그때까지 야마모토 팀은 '최고의 품질에 그것을 이루어낼 수 있는 가격'이라는 조합만 제안하고 견적서를 작성했다. 그러나 고객이 항상 최고의 가격에 최고의 품질을 요구하는 것은 아니다. '양호한 품질에 조금 저렴한 가격' 등 매번 니즈가 다르다. 고객의 니즈에 따라 여러 유형을 제출하면 고객은 그중에서 선택을 할 수가 있고, 그러면 그만큼 채택될 확률이 높아진다.

회식이 끝나자, 상사가 나에게 "말하는 솜씨가 제법이네"라며 칭찬해주었다.

그뒤 이 기업으로부터 새로운 견적의뢰서가 왔으며, C의 조언대로 여러 유형을 제시하여 보란듯이 수주할 수 있었다.

"되든 안 되든 일단 부딪쳐보자는 생각으로 물어보았습니다. 천만다행이었죠. 이유도 모른 채 계속 궁금해하고만 있을 뻔했잖아요. 용기를 가지고 한 걸음 내딛으면 큰 대가를 얻을 수 있다는 걸 배웠습니다. 좌절한 경험은 아니지만 위험을 무릅쓰고 시도해보는 자세의 가치를 실감한 것이어서 에세이에 적었습니다."

그뒤 야마모토는 이해가 안 되는 점이 있으면 납득할 수 있을 때까지 질문을 하게 되었다. 그것은 유학 중인 지금도 변함이 없다.

하버드 합격기준

위험을 무릅쓰고 미국 대학에 유학하다

야마모토는 네번째 에세이를 "당신이 지금까지 살아오면서 내린 결단 중에서 가장 위험을 무릅쓴 결단은?"이라는 주제로 적었다.

지금까지 살아오면서 가장 용기가 필요했던 결단은 자신의 의지로 대학 졸업을 1년 늦추고 UCLA에 교환유학을 간 일이라고 야마모토는 말한다.

"럭비부로서는 중요한 시기에 매니저를 그만두고, 또 동급생들은 다들 취직 활동을 하는데 혼자 유학을 가기로 결정하는 데는 용기가 필요했습니다. 무슨 일이 있어도 꼭 가고 싶었죠."

야마모토는 18세 때 영국에서 귀국한 뒤 정체성 위기에 빠져 있었다. 그전 10세 때 영국의 학교로 전학을 가서도 이문화를 받아들이는 데 고생을 했다. 그런데 일본에 귀국해서 드디어 '홈그라운드'로 돌아왔구나 했더니 이번에는 '이질감'이 기다리고 있었다.

조치 대학은 귀국자녀가 많은데, 야마모토의 클래스에는 미국에서 돌아온 학생들이 많았다. 야마모토의 영어는 영국식 영어이고 게다가 가르쳐준 선생도 영국의 지방 출신이었기 때문에 억양이 조금 독특했다. 별다른 뜻은 없으리라는 것은 알고 있지만, 친구들이 영국 사투리라고 놀려댈 때마다 더욱더 소원한 느낌이 강해졌다.

여기에서도 난 소수자인가……. 나에게 홈은 어디인가…….

그래서 일본도 영국도 아닌 제3국인 미국에서 자신을 새로운 눈으로 바라보고 싶었다.

1년간 유학을 하면 학비도 더 들고, 여름에 귀국하면 유학생 대상의 제한된 틀에서만 채용시험을 치게 된다. 지금도 늦게 졸업하는 것을 부정적으로 보는 보수적인 기업도 있다. 야마모토는 이런 위험을 무릅쓰고 유학을 결단했던 것이다.

2004년 UCLA 유학 때는 대학 기숙사에서 생활했는데, 거기에서 만난 룸메이트는 멕시코계 미국인, 인도계 영국인 등 누구 하나 동일 국가 출신이 없었다.

"미국인들은 '어느 나라에서 왔어?'라든지 '일본인이야?'라고 묻는 경우가 별로 없습니다. 일본에서 국적에 얽매여온 나 자신이 어리석었다는 생각이 들었어요. 그들은 일본인이든 어느 나라 사람이든 개의치 않고 상대를 있는 그대로 봐준다는 느낌을 받았습니다."

이렇게 해서 야마모토는 국가나 인종에는 홈도 어웨이도 없다는 사실을 UCLA 유학 때 깨달으며 자신의 정체성을 되찾았다. 그리고 정체성 위기를 극복한 자신을 알아주었으면 하는 바람에서 굳이 이 이야기를 하버드 에세이에 적었다고 한다.

자연재해에도 끄떡없는
인프라를 세계에 구축하다

"MBA를 취득하려는 이유는 무엇입니까?"라는 설문에 야마모토는 "하버드를 졸업한 뒤 히타치에서 자연재해 대책실을 세우고 싶기 때문"이라고 대답했다.

지진 예고 시스템을 개발하거나, 자연재해가 발생했을 때 즉시 복구할 수 있는 인프라 설비를 갖추는 전문부서를 머리에 그리고 있었던 것이다.

2011년 3월 동일본 대지진이 발생했을 때 야마모토가 소속된 IT 플랫폼 영업부도 긴급 사태에 대처하기 위해 이리 뛰고 저리 뛰었다. 도호쿠東北 지방의 부품 제조회사가 막대한 피해를 입어 서버 부품을 조달할 수 없게 되었기 때문이다.

"전기가 들어오지 않습니다. 공장도 여러 곳이 파손되었고요. 회사가 어떻게 될지 모르겠습니다."

부품 제조회사로부터 긴박한 상황이 전해졌다.

한편, 해외의 고객은 무슨 일이 일어났는지 알 수가 없어서 매일 납기에 대한 문의 전화를 해왔다.

"어쨌든 납기가 언제쯤 될 것 같은지 알려주십시오."

"부품은 어디서 조달할 계획입니까?"

해외에 멀리 떨어져 있는 고객은 동일본 대지진의 영향이 얼마나 심각한지 알 턱이 없었다.

"기술대국인 일본에서 왜 이처럼 큰 피해를 입었을까? 기술로 사람 목숨을 구할 수는 없을까? 이런 생각을 계속 해왔습니다."

야마모토는 이어서 말했다.

"반석 같다던 일본의 인프라조차 이처럼 막대한 피해를 입었습니다. 만약 개발도상국에서 이와 비슷한 재해가 발생한다면 엄청난 피해가 생기겠지요. 우선 일본에서 든든한 인프라를 구축하고, 장차 개발도상국으로도 펼쳐나가고 싶다고 에세이에 적었지요."

이 꿈을 실현하기 위해 하버드의 MBA가 필요했다.

상하이에서 본 면접에서는 '숨소리조차 내지 못할 정도로' 긴장된 순간도 있었지만, '제조업 출신의 일본인 여성'이라는 독자성을 내세워 무사히 합격할 수 있었다.

"하버드 학생이 된다는 생각은 꿈에도 하지 못했는데, 붙어서 뛸 듯이 기뻤습니다. 하버드에서는 일본 대표로서 일본 기업에 대해 이야기할 기회가 많습니다. 일본 기업이 아니면 할 수 없는 일이 세계에 있다는 사실을 날마다 실감하고 있지요."

입학 전에 특별훈련 강좌를
풀코스로 체험

하버드의 수업은 재무나 회계와 같은 기초 경영 지식이 없으면 따라갈 수 없다. 외국어학부 출신으로 제조회사의 영업 담당이었던 야마모토는 컨설팅 회사나 금융기관 출신 학생들에 비해 경영 지식이 크게 부족했다. 그래서 하버드 당국은 야마모토에게 합격 통지와 함께 여러 가지 특별훈련 강좌를 듣도록 권했다.

"합격자 중에서도 사전이수 강좌를 풀코스로 이수한 학생은 저밖에 없지 않을까요?(웃음) 문학부나 예술학부 출신들도 많이 이수하고 있는 모양입니다. 입학 전부터 이렇게 많은 강좌를 준비해놓는 것을 보고는 학생을 위한 시스템이 잘 갖추어져 있다는 생각이 들었죠."

야마모토가 이수한 것은 다음 네 가지다.

유학 전
①Finance/Accounting Online Programs(하버드가 추천하는 외부전문기관에 의한 재무·회계 온라인 강좌. 재무·회계 지식이 부족한 합격자 대상)
②Online Module(하버드가 준비한 온라인 강좌. 전원 필수)

하버드에서
③Analytics(재무·회계의 기초 강좌. 재무·회계 지식이 부족한 합격자 대상)
④Pre-MBA International Program(영어 프레젠테이션 및 토론 강좌. 유학생 대상)

이 가운데 ①~③은 하버드로부터 입학 전에 반드시 수강하라는 통지를 받은 것들이다. ④는 기본적으로 영어를 모국어로 하지 않는 나라에서 태어나고 자란 사람을 대상으로 하며, 영국과 미국에서 교육을 받은 야마모토에게는 불필요하다는 연락이 왔다. 그러나 "갑자기 하버드라는 국제적 환경에 뛰어들어서 불안합니다. 가능한 한 일찍 익숙해지고 싶으니 이것도 수강하게 해주십시오"라며 스스로 지원해서 수강했다고 한다. 야마모토는 이 네 가지의 사전 강좌를 이수한 덕분에, 9월에 입학한 뒤로는 수업을 별다른 어려움 없이 따라갈 수 있게 되었다.

하버드의 성적 평가는 엄격하기 때문에 매년 수업을 따라가지 못하고 퇴학당하는 학생도 몇 명쯤 있다. 클래스에는 경영·경제계나 기초과학계 학생이 많지만, 다양성을 실현하는 차원에서 문학부나 연극학부 출신, 군대 출신의 학생도 있다. 합격시킨 이상 낙오자가 생기지 않도록 전력을 다해서 지원해주는 것도 하버드의 특징이다.

"리더십이란 당신이 그 자리에 있으면서
주위 사람들에게 좋은 영향을 끼치는 것이다.
그리고
당신이 그 자리를 떠나도
그 좋은 영향이 계속 이어지도록
사람들을 이끌어가는 것이다."

하가 료타

- 1982년 가나가와현에서 태어났다.
- 2004년 도쿄 대학 공학부를 졸업한 뒤 2006년 도쿄 대학 대학원 공학 계 연구과 석사과정을 수료했다.
- 그해 미쓰비시 상사 주식회사에 입사해 기계그룹 자동차 사업본부에서 근무했다. 주로 중국, 인도네시아에서의 자동차 판매를 담당했다.
- 2013년 하버드 대학 경영대학원에 입학했고, 2015년 MBA를 취득할 예정이다.

2013년 하버드에 입학한 미쓰비시 상사의 하가 료타는 "제가 하버드에 합격할 줄은 꿈에도 생각하지 못했어요"라며 겸손하게 말했다. 그해에 하버드에 입학한 일본인은 다섯 명밖에 안 되었다.

　　"근래 들어 미쓰비시 상사에서 파견된 유학생 가운데 하버드에 합격한 사람이 없었던데다 하버드는 일본에서 교육을 받은 평범한 사람은 들어가지 못할 것으로 생각했어요. 보스턴의 캠퍼스를 방문했을 때도 내가 이곳에 올 리는 없겠지만 한번 보고나 가자 하는 마음이었습니다. 지금 생각해봐도 어떻게 합격했는지 이유를 잘 모르겠어요."

　　하가는 3세에서 6세 때까지 호주에서 지냈지만, 그외에는 일본에서 교육을 받았다. 당연히 영어도 원어민 수준이 아니다.

　　"귀국자녀라고 할 수 있을 정도도 아닙니다. 영어는 처음부터 일본에서 공부했고, 고등학교 때 유학을 가지도 않았죠. 대학에 다닐 때부터 MBA에 관심이 있었지만, 하버드를 목표로 한 건 아니고, 그냥 나중에 유학을 갈 수 있으면 좋겠다고 생각했을 뿐이죠. 물론 대학 시절에 GMAT 등의 시험도 보지 않았습니다."

　　2012년 미쓰비시 상사의 사내 유학시험에 합격하고 나서 TOEFL이나 GMAT 공부를 시작했다. 다른 일본인 유학생에 비하면 해외에서 생활한 경험이 매우 적지만, 그런 불리한 여건에서도 하버드에 합격했다.

일본 문화 속에서 자란 사람이 합격한 비결은 무엇인가?

어떤 굉장한 에세이를 써낸 것인가?

대뜸 이런 질문부터 했더니 "에세이는 아주 평범한 내용이었어요"라며 입을 열었다. 그러나 언뜻 보기에는 평범한 내용이었지만 하버드에 합격할 만한 이유가 있었다.

과제 에세이 설문(2012년 수험생)

1. '당신이 훌륭하게 해냈다고 생각하는 일'에 대해 적어주십시오. (400단어)
2. '좀더 잘했으면 좋았을 텐데 하고 생각한 일'에 대해 적어주십시오. (400단어)

20대 리더로서 현장에서 승부하다

하가는 2009년 미쓰비시 상사의 자동차사업본부에서 근무할 때, 중국에서의 자동차 수출 판매고를 V자 회복시킨 이야기를 리더십 체험으로 적었다.

입사 4년차인 하가에게 주어진 임무는 중국에서의 자동차 판매량을 늘리는 일이었다. 당시 일본 차는 2008년의 리먼 쇼크와 엔고의 영향으로 판매가 부진했다. 중국에서의 자동차 판매량은 하가가 입사한 2006년부터 계속 상승곡선을 그리다가 2009년 초부터 하강곡

하버드 합격기준

선을 그리기 시작했다.

"판매 목표를 높이 내걸었는데, 갑자기 목표 달성이 어려워져서 제조회사와 판매회사가 혼란을 겪고 있는 것 같았습니다. 그래서 현실적인 판매 계획을 다시 세울 필요가 있었죠."

판매량이 부진한 데는 시황 이외에 뭔가 다른 이유도 있을 것이라고 생각했다.

미쓰비시 상사 내에서 중국에서의 자동차 수출 판매를 줄곧 담당해온 사람은 하가와 하가의 상사뿐이었다. 하가는 상사의 지도 아래 신입사원 때부터 중국 시장이나 비즈니스 동향을 주시해왔기 때문에 이 분야는 훤히 꿰고 있었다. 그러나 시장이나 가격 등을 분석하는 것만으로는 이 문제를 해결할 수가 없었다. 현장에 뭔가 힌트가 있을 것 같았다. 그래서 중국으로 가서 현지 딜러들이 하는 말에 귀를 기울였다.

"중국어로 윽박지르듯이 '어떻게든 해달라'며 불만을 늘어놓는 적도 있었죠. 정말 경기가 나빠졌음을 몸으로 느꼈습니다. 그런데 딜러들을 쭉 만나다보니 현장에 고객이 원하는 차가 충분히 공급되지 않아서, 처음부터 판매 전략을 다시 세울 필요가 있다는 사실을 알았습니다. 어쨌거나 현장에서는 한층 더 고급스럽고 가격경쟁력이 높은 차를 찾고 있었어요."

중국에서 자동차를 판매하는 사업은 미쓰비시 상사, 일본의 제조회사, 그리고 중국의 판매회사가 연계해서 진행해왔다. 그러나 세 회사는 각각 위치도 다르고 입장도 다르다. 판매회사가 판매 전략을 세우면, 그것을 승인하고 차의 공급과 판매를 지원하는 것이 상사와 제조회사의 역할이다.

실제로 차를 판매하는 현지 딜러는 판매회사 산하에 있지만, 현장의 니즈가 반드시 판매 전략에 반영되는 것은 아니다. 현장이 원하는 차가 공급되지 않기 때문이다. 바로 이 점이 판매에 지장을 초래하고 있다는 사실을 알게 되었다. 그래서 하가를 비롯한 미쓰비시 상사 팀은 제조회사와 판매회사 간의 다리 역할을 맡아서 세 회사가 납득할 수 있는 판매 전략을 다시 세우기로 했다.

"판매 현장에서 생생한 의견을 듣고 그것을 제조회사에 설명해서 세 회사가 납득할 수 있는 현실적인 판매 전략을 세웠습니다. 세 회사가 합의하기까지 우여곡절도 많았지만, 그렇게 한 보람이 있어서 그해 중국에서의 판매량은 전해에 비해 2배 이상 늘었습니다."

매장을 일일이 직접 돌아다니면서 중국의 딜러들을 만난 이야기를 왜 굳이 하버드의 에세이에 적은 걸까?

"사회인이 되고 나서 처음 맡은 업무였고 비즈니스의 기본을 배운 일이었기 때문에 저에게는 특별한 경험이었죠. 개발도상국의 현장에서 땀 흘려가며 해낸 경험이 전달되기를 바라는 마음에서 적었습니다."

하버드의 에세이 중에는 몇 억 엔짜리 거래를 성사시켰다거나 날개 돋친 듯 팔리는 상품을 개발했다는 등 엘리트 사원다운 경험담이 수두룩하다. 그런 분위기에서 하가와 같이 성실하게 일해서 결과를 얻어낸 경험은 오히려 신선하다.

대기업에서 20대의 젊은 사원이 이루어낼 수 있는 일은 한정되어 있다. 이것은 하버드의 입학심사관도 당연히 알고 있다. 하버드가 알고 싶은 것은 조직 속에서 무엇을 구체적으로 변화시키고 성공으로 이끌었는가이다. 리더로서 현장에서 문제를 해결하는 능력인 것이다.

▥ '당신의 일본어는 거칠다'라고 질책 받은 경험을 기회로 바꾸다

'좀더 잘했으면 좋았을 텐데 하고 생각한 일'에도 하가는 자동차사업본부 경험을 적었다.

하가는 입사한 2006년에, 자동차를 중국에 수출할 때의 선적 업무를 담당했다. 그때 지금도 잊을 수 없는 실패를 맛보았다. 보통 일본에서 중국으로 배로 수송하는 데는 한 달쯤 걸리는데, 하가는 배에 싣는 자동차 대수를 조정하는 일을 맡았다.

중국의 판매회사는 끊임없이 "한시라도 일찍 ○대 보내주기 바랍니다"라고 재촉했다. 하지만 아무리 재촉한들 원하는 대로 뚝딱 생산해서 보내줄 수 있는 문제가 아니었다.

"왜 좀더 많이 싣지 못하는 건가요?"

"몇 대면 수송이 가능한 겁니까?"

중국으로부터 신경질적인 이메일이 날아왔다. 판매회사의 중국인 담당자는 일본어를 능숙하게 구사했기 때문에 일본어로 이메일을 주고받았다. 입사한 지 얼마 안 된 하가는 중간에서 이러지도 저러지도 못하는 처지가 된 때가 종종 있었다.

그런 상황에서 실패한 경험을 에세이에 적었다. 중국으로부터 대량의 주문이 들어왔을 때의 일이다. 주문 내용을 제조회사에 전달했지만, 그 수량을 생산하는 것은 불가능하다는 사실을 알게 되었다. 이런 경우에는 원하는 수량을 맞춰줄 수 없는 이유를 중국에 즉각 전달했어야 했다. 그런데 하가는 이 중요한 '경과 보고'를 깜박하고 말았다. 그 대신 며칠 뒤 이런 이메일을 보냈다.

"제조회사와 상의한 결과, ○대로 결정되었습니다. 잘 부탁드립니다."

이메일을 보내고 30분도 지나지 않아 중국으로부터 불만이 가득한 내용의 이메일이 날아왔다. 하가의 상사에게도 이메일이 보내졌다.

"결정되었다니 무슨 뜻입니까? 수송 대수를 그쪽이 결정하는 건가요? 당신의 일본어는 너무 거칠어요."

펄펄 뛰며 화를 내는 모습이 그대로 전해지는 문장이었다. 하가는 바로 상사와 의논하고 그날로 전화를 해서 양해를 구했다.

"일본어가 원어민이 아닌 사람에게 당신의 일본어는 거칠다는 말을 듣고 큰 충격을 받았습니다. 그 상사는 '이렇게 쓰면 화를 낼 만도 하다'더군요. 판매회사는 한집안과 같은 관계라고 해도 체면을 중시하는 중국인들에게 그런 식의 이메일을 보내서는 안 되는 것이었죠."

하가는 이 체험에서 배운 바를 하버드에 다음과 같이 전달했다.

"곤란한 상황을 전해야 할 때 상대와의 커뮤니케이션을 피해서는 안 된다는 점, 문제가 발생하면 메시지가 잘못 전해지지 않도록 상대에게 즉시 상황을 제대로 설명해야 한다는 점, 감정이 상하면 생산적인 해결이 안 되기 때문에 감정 조절이 필요하다는 점, 이 세 가지를 배웠습니다."

그뒤 이 판매회사의 담당자와는 우호적인 관계를 구축할 수 있었다고 한다. 하가가 성실하게 커뮤니케이션을 해가며 신뢰를 회복했기 때문이다.

"상대방의 입장에서 정보나 의견을 발신하게 되었지요. '이런 분석을 했으니 괜찮으면 사용해주십시오', '이런 시장 데이터가 있는데, 그쪽에서는 이런 일이 일어나고 있지는 않은가요?'와 같이 그때그때 성실하게 이메일을 보냈더니 중국측에서도 점점 데이터가 나오게 되었고, 그만큼 서로에게 도움이 되는 관계가 되었습니다."

신입사원 시절의 이런 경험은, 앞에서도 언급했듯이 자동차 판매고를 V자 회복시키기 위해 현지 딜러들을 만나러 다닐 때도 큰 힘이 되었다. 격한 어조로 불만을 토로해와도 감정을 다스리며 묵묵히 끝까지 들었다. 모회사 소속이라면 아무래도 위에서 억누르는 식의 언행을 하기 십상인데, 하가는 그런 태도로 일을 하지 않았다. 상대의 처지를 생각하는 겸손함이 성공으로 이어지는 리더십의 한 요소라고 배웠기 때문이다.

면접에서는 거시적 안목을 갖춘 사람임을 강조하다

하가는 2012년 11월 상하이에서 하버드 면접 시험을 보았다.

"면접 때 인상적이었던 것은, 면접관이 수험자의 의견이나 생각을 듣고 싶어한다는 점이었습니다. 하버드의 토론 수업을 제대로 해낼 수 있는 사람인지 어떤지 체크해본 것인지도 모르겠습니다."

미쓰비시 상사의 경영전략에 대해서 어떻게 생각하는가? 자동차 사업본부의 판매전략에 대해서는 어떤 생각을 갖고 있는가? 세계의 자동차산업은 앞으로 어떻게 될 것이라고 생각하는가? 예상하지 못했던 질문들이 쏟아졌다. 글로벌 리더로서의 발언 능력과 거시적 안목을 갖고 있는지 여부를 체크하는 질문들이었는데, 평소에 각종 사안을 넓은 시각으로 보려는 습관이 배어 있어서 별다른 어려움 없이 대답할 수 있었다고 한다.

나는 이처럼 '각종 사안을 넓은 시각으로 보려는 습관'을 컬럼비아 대학 경영대학원에 유학할 때 비로소 익히게 되었다. 전체최적의 사고법은 이런저런 일을 부분최적으로 사고하기 십상인 일본인에게 가장 어려운 것이라고 한다. 그러나 하버드의 수험자는 이미 수험 단계에서 이 사고법을 몸에 익혀야만 들어갈 수가 있는 것이다.

유학 전에 하가는 어떻게 이런 사고법을 익히게 되었을까?

하가는 한참 뜸을 들이더니 다음과 같이 대답했다.

"어쩌면 제가 다닌 중학교와 고등학교에서 '자기 머리로 주체적으로 생각하는' 훈련을 받았기 때문일지도 모릅니다. 아자부는 자유롭게 생각을 하거나 글을 쓰게 하는 등 학생들이 생각을 하도록 이끄는 수업이 많은 학교니까요."

2012년 수험생의 경우에는 면접 후에 면접 내용에 대한 감상문을 제출하게 되었다. 하가는 특히 미쓰비시 상사에 관한 토론이 무척 자극적이었다는 점을 강조하고, 토론에서 깨달은 점을 앞으로도 명심하며 살아가고 싶다고 적었단다.

그런데 뜻밖에도 어느 학교 면접에서든 묻게 마련인 "왜 MBA를 취득하고 싶은 건가요?"라는 상투적인 질문은 없었다.

"에세이와 함께 제출하는 기초 데이터 표에 짧게 기입하는 난이 있었습니다. 그것으로 충분했는지 면접에서는 장래에 하고 싶은 일에 대해서는 전혀 묻지 않았지요."

하가는 하버드를 졸업한 뒤 자동차 관련 투자처로 가서 매니지먼트 직을 경험해보고 싶다고 한다. 장래의 목표는 전기자동차 등 클린 테크놀로지 제품을 세상에 선보이며 친환경적인 사회를 만들어가는 것이다.

"공학부 출신이라서 테크놀로지를 기반으로 하는 비즈니스에 흥미가 있습니다. 일본에서 전기자동차 사업을 비롯해 다양한 비즈니스를 실현하기 위해 하버드에서 되도록 많은 기술을 익히고 싶습니다."

영어는 일본에서
기초부터 배우다

하가는 어렸을 때 호주에서 살았지만, 일본에서 중학교와 고등학교를 다니면서 영어를 배웠다. 하버드에 다니는 일본인 중에서는 소수파다.

"하버드 면접 때였던 것 같은데요, 여섯 살 때 일본에 돌아온 뒤로 어떻게 영어 실력을 유지했느냐고 묻더군요. 그래서 일본의 초등학교에 다니는 동안 몽땅 잊어버려서 보통의 일본인들과 마찬가지로 중학교 때 처음부터 영어를 다시 배웠다고 했죠."

하버드가 요구하는 영어 실력은 원어민과 같은 수준이다. 그것을 어떻게 익혔을까?

"중학교 3년 동안 작은 영어회화 학원을 다녔어요. 그때 가르쳐준 일본인 선생님이 영국에서 대학을 나오고 그후로도 오랫동안 현지에서 생활했던 분인데 상당히 잘 가르쳐주셨습니다. 이 학원에서 영어 발음이나 영어로 의견을 말하는 법의 기초를 익힐 수 있었죠."

그래도 TOEFL의 리스닝 시험을 볼 때는 고생을 했다고 한다. 대학 전공은 이공계였고, 미쓰비시 상사에서 일할 때 사용하던 언어는 일본어와 중국어였다. 하가는 자신의 약점을 극복하기 위해 팟캐스트를 활용했다. 다음 세 가지의 미니 프로그램을 몇 개월에 걸쳐 계속 들었다. TOEFL 수험생들 사이에서는 유명한 방송이라고 한다.

• Wall Street Journal "This Morning"
• Indiana Public Media "A Moment of Science"

GMAT의 영어(Verbal) 시험은 대학 입시처럼 오로지 단어를 외우면서 공부했다. "일에 쫓겨 살았기 때문에 집에 돌아와서는 잠이 들까봐 서서 단어를 외우곤 했죠."

TOEFL, GMAT 시험에서 좋은 점수를 받아도 그다음에는 영어 면접이 기다리고 있다. 하버드의 경우 면접을 보게 되는 사람이 1,800명인데, 이 가운데 절반이 떨어진다.

하가는 영어로 자기 의견을 논리적으로 발표할 수 있었던 점이 합격으로 이어진 것이 아닌가 하고 생각한다. 면접관이 확인하고 싶은 것은 아름다운 영어를 말할 수 있느냐가 아니라 영어로 토론을 할 수 있느냐 없느냐다. 영어의 겉모습이 아니라 내용인 셈이다.

앞에서 언급한 대로 하가는 평소에 '거시적 안목'을 가지고 일해왔다. 회사나 사회에 대해 평소부터 자신의 생각을 가질 수 있도록 해야 한다. 이것이 미국인과 같이 완벽한 발음으로 영어를 구사하는 것보다 중요하다.

제4장

하버드 합격자의
표현 능력

제2~3장에서 소개한 하버드 대학 경영대학원 합격자 9명을 취재하면서 확인한 사실은, 그들이 리더로서의 잠재능력을 보여주는 과정에서 몇 가지 공통된 가치관을 말하고 있다는 점이다.

- 성공보다 좌절
- 안정보다 도전
- 유지보다 변화
- 상식보다 비상식
- 카리스마적 기질보다 성실한 노력
- 화려한 성공보다 소박한 기여
- 넘버원보다 온리원
- 요령보다 우직함

- 변명보다 행동

- 정해진 코스보다는 우회하는 길

- 타성보다 정열

- 자신의 욕구보다 타인을 위한 행동

- 영리함보다 상냥함

- 비평 능력보다 현장에서 땀 흘리며 문제를 해결하는 능력

흔히 생각하는 엘리트상과는 상반되는 점이 많다. 특히 하버드에 합격할 수 있는 엘리트가 되려면 좌절, 우회하는 길, 성실한 노력, 현장 능력, 우직함 등이 필수 요소라는 것도 의외라는 느낌이 들지도 모르겠다.

그러나 앞에서도 말했듯이 '있는 그대로의 자신'을 전달하는 것이 합격으로 가는 지름길이다. 왜냐하면 그 편이 '미래의 가능성'을 강하게 어필할 수 있기 때문이다. 완벽한 실적을 지닌 완성된 인간이라는 점을 보여주면 보여줄수록 합격에서 멀어진다.

채용이나 입학 심사를 담당하는 사람들이 지원자의 '과거 실적'보다 '가능성'에 관심을 갖는다는 사실은 하버드나 스탠퍼드의 연구를 통해서도 알 수 있다. 이 이론은 상사가 부하직원을 승진시킬 때도 해당된다.

그리고 가능성을 전달하는 기술에도 역설적인 기법이 존재한다.

- 명확한 발음보다 전달하는 콘텐츠

- 기교를 부리기보다 단순하게
- 부분최적보다 전체최적
- 국소론局所論보다 대국론大局論

제4장에서는 하버드 합격자가 전달한 가치관과 전달하는 기술에 관해서 정리해보겠다.

▥ 현상 유지보다 변화

하버드의 과제 에세이는 설문 수가 매년 줄고 있다.

2011년에는 네 문제, 2012년에는 두 문제, 그리고 2013년에는 한 문제(옵션)뿐이었다. 설문 수가 줄고 있는 이유에 대해서는 뒤에 가서 언급하겠지만, 시험 점수로 전하지 못한 자신의 모습을 이 한정된 설문을 통해 어떻게 전달하느냐가 승부처다. 이 에세이의 내용에 따라 TOEFL이나 GMAT의 점수가 낮아도 역전될 가능성이 있다.

자신의 삶 중에 어떤 시절의 경험담을 소개하는 것이 좋을까? 이 물음에는 정답이 없다.

'2+2 프로그램'에 의해 대학 재학 중이던 21세 때 하버드에 합격해서 2012년에 입학한 미야케 히로유키는 사회인 경험이 없었기 때문에 초등학교나 중학교 시절까지 거슬러올라가 그 시절의 이문화 체험을 적었다. 한편 2013년에 입학한 하가 료타와 미즈다 사에코는 시험을 친 해의 설문 수가 2개이기도 해서 사회인이 되고 나서 겪었던 일만 적었다.

수험자 사이에서는 "대학에서 겪은 일, 직장에서의 경험, 과외활동 및 커뮤니티 활동", 이 세 가지를 균형 있게 쓰면 좋다고 하지만, 입학심사관은 "그런 공식은 없다"고 고개를 저었다.

대학 시절에 겪은 일이든 사회인 시절에 겪은 일이든 상관없는데, 합격자들이 공통적으로 적은 것이 있다. 그것은 다음 두 가지다.

- 자신이 리더십을 발휘해서 조직을 변화시킨 체험
- 자신을 변화시킨 체험

성취한 일이든 실패한 일이든, 설문에 상관없이 모두가 '변화시킨 일'에 대해 이야기하고 있다. 하버드의 모토는 "세계에 변화를 가져올 리더를 육성하자"이다. 반드시 적어야 하는 것은 뭔가를 바꿔놓은 경험이다.

외자계 소비재 제조회사의 재무 부문에서 근무했던 미즈다는 '매출 감소를 최소화할 수 있는 비용 할당안'을 스스로 작성해서 해당 부서에 제안했다.

다이와 증권의 나카자와 요시히로는 서브프라임 쇼크로 채권 시장이 침체되는 와중에 오히려 그것을 기회로 삼아 유럽이나 캐나다의 유수 은행에 엔화표시외채 발행을 제안하자는 의견을 내놓았다.

미쓰이 물산의 무카에 가즈마사는 중동으로부터 인프라 사업을 수주해서 자금 조달을 할 때, 모든 사람이 생각하는 일반적인 경로와는 달리 오히려 "중동계 은행과 부딪쳐보면 어떨까요?"라며 새로운 길을 제안했다.

미쓰비시 상사의 하가는 판매 현장의 의견을 듣기 위해 중국의 딜러들을 찾아다니면서 관계자들이 납득할 만한 판매 전략을 새로 세웠다.

이런 눈으로 제1~2장을 다시 읽어보면 어떤 경험담에서든 '변화'라는 키워드가 떠오를 것이다.

성공보다 좌절

하버드는 2012년까지 몇 년 동안 과제 에세이에서 수험자에게 좌절 체험을 물었다. 실패나 좌절에 대해서 하버드가 굳이 묻는 이유는 수험자가 자신을 바꿀 수 있는 사람인지 알고 싶기 때문이다. 교만한 탓에 실패하는 리더가 수두룩하다. 겸허한 태도로 배워서 자신을 바꿀 수 없는 사람은 리더로서 실격이기 때문이다.

하버드는 수업 때 다양한 실패 사례를 가르치면서 실패로부터 배우는 겸허한 태도를 리더십의 중요한 요소로 보고 있다.

회사에서 해고당한 경험과 같은 절망적인 상황이 아니라도 상관없다. 인생에서 중요한 실패였든 사소한 실패였든 관계없다. "상사에게 이런 일로 혼났다", "대학 동아리에 있을 때 연전연패를 했다"와 같이 누구에게나 있을 수 있는 일이라도 그 실패를 통해 뭔가 중요한 가르침을 얻으면 되는 것이다. 실패로부터 무엇을 배웠으며, 그 체험이 나중에 자신을 어떻게 발전시켰는지, 그리고 자기는 스스로를 변화시킬 수 있는 사람이라는 것까지 경험담을 통해 전달하는 것이 중요하다.

"저는 모든 에세이를 결結, 승承, 전轉, 결結의 구성으로 쓰려고 노력했습니다"라고 말한 사람은 모리타 유리카다. 모리타는 성공 체험과 좌절 체험을 다음과 같이 구성해서 썼다고 한다.

성공 체험

- 결: 질문에 대한 대답(저는 이런 일을 해냈습니다)
- 승: 구체적인 행동(리더로서 이런 변화를 일으켰습니다)
- 전: 좌절/고생(이렇게 힘들었습니다)
- 결: 배움(지금의 제가 있습니다)

좌절 체험

- 결: 질문에 대한 대답(저는 이런 실패/좌절로부터 이런 점을 배웠습니다)
- 승: 구체적인 행동(이런 좌절을 경험했습니다)
- 전: 개선(이렇게 행동해서 좌절을 극복했습니다)
- 결: 배움(지금의 제가 있습니다)

기승전결이 아니라 결, 승, 전, 결이다. 분량이 제한된 영문 에세이는 우선 결론부터 써야 한다.

서론, 본론, 결론의 3부 구성으로 쓰기도 하지만, 경영대학원 과제 에세이의 경우는 자신이나 조직을 힘들여 변화시킨 경험을 소개하는 것이 중요하기 때문에 '전'의 부분이 반드시 필요하다. 이런 '전'의 부분은 실제로 체험한 사람만이 쓸 수 있는 것이라서 에세이에 설득력을 불어넣는 효과가 있다. 특히 실패했을 때 좌절하지 않고 끝까지 최선의 노력을 다했는가, 실패로부터 무엇을 배우고 어떻게 재기했는가, 이것이 입학심사관이 알고 싶어하는 점이다.

그래서 모리타는 '자신이 인생에서 이루어낸 일'을 적을 때도 굳이 좌절한 경험을 넣어서 썼던 것이다.

미즈다는 좌절이나 실패를 이야기할 때는 정말로 자신에게 고통을 준 체험인지 어떤지가 중요하다고 말한다.

"그저 넘어졌다는 것만으로는 이야깃거리가 안 되겠죠. 반대로 지나치게 잘 짜인 '실패를 딛고 일어선 성장 이야기'는 들통이 나고 말 것입니다. 다른 사람의 눈에 심각하게 비친 실패보다 자기 스스로 눈물이 나올 정도로 괴로웠거나 분했던 실패를 떠올려야 하지 않을까요?"

분명히 경영대학원에 붙기 위해서 찾아낸 듯한 '아름다운 좌절 이야기'는 읽는 이와 입학심사관에게 제대로 전달될 리가 없다. 미즈다는 이어서 말한다.

"실패도 자신의 일부로 껴안고 부족한 자신을 냉정하게 관찰하면서, 자기 가치관의 일부가 될 만한 강렬한 뭔가를 배울 수 있는 모습을 전달하는 것이 중요하다고 봅니다."

하버드 합격기준

거듭 말하지만 하버드가 에세이를 통해 알고 싶어하는 것은 리더십 경험과 리더로서의 인격, 특히 겸허한 태도로 자신이나 주위를 변화시킬 수 있는 사람인지 여부다. 그렇기 때문에 반드시 '전轉'의 경험담을 생생하게 전달해야 한다.

화려한 성공보다 소박한 기여

에세이를 쓰는 작업은 자신의 삶에서 경험한 일이나 활동을 '재정의'하는 것이다. 이번에 인터뷰한 대부분의 합격자들도 "제 경험담은 소박한 내용입니다", "이렇게 별 볼일 없는 이야기인데 참고가 될까요?"라고 겸손하게 말했듯이, 그런 경험담 자체는 사회인이라면 누구나 겪을 만한 일이었다. 하지만 그런 소박한 이야기야말로 있는 그대로의 자신을 보여주고, 하버드라는 관문을 통과할 수 있었던 열쇠라는 점을 알았을 것이다.

수험자 중에는 "투자은행에서 수천억 엔의 M&A 프로젝트를 성사시켰습니다", "컨설팅 회사에서 일하면서 대기업을 변화시켜 수천억 엔의 비용을 삭감할 수 있도록 했습니다" 같은 신문에 실릴 만한 대형 프로젝트에 관여한 일을 쓰는 편이 좋다고 오해하는 사람도 있다. 이런 대형 프로젝트를 성사시키는 데 기여한 경험을 쓰는 것이 잘못은 아니지만, 그 과정에서 사회 경험이 부족한 자신이 무엇을 했는지를 구체적으로 쓰지 않으면 아무런 가치도 없다.

입학심사관은 수십 년 경력의 베테랑이라서 20대의 신출내기가 대기업에서 어떤 수준의 일을 맡는지 훤히 꿰고 있다. 만약 "내가 솔선해서 거래를 성공시켰다"와 같이 쓴 글을 보게 되면, 팀으로 달성한 일을 자기만의 공적으로 돌리는 사람이라고 판단하고 불합격 처리를 할지도 모른다. 어떤 경영대학원이든 "에세이는 솔직하고 정직하게"라는 원칙이 있기 때문이다.

그보다는 "나는 이 프로젝트에서 이런 역할을 맡았으며, 현장에서 이런 일을 상사에게 제안하고 이렇게 개선하려고 노력했다", "일미 합동 팀을 꾸렸는데 미국인과 일본인 사이의 분위기가 좀 서먹서먹해서 좌석 배치를 바꿔보았다" 등의 현장감 넘치는 에피소드가 한층 설득력을 갖는다.

앞에서 언급한 바를 다시 이야기하자면, 하버드의 합격기준은 다음 세 가지다.

1. 리더십 능력(Habit of Leadership)
2. 분석력과 분석 욕구(Analytical Aptitude and Appetite)
3. 공동체에 대한 공헌도(Engaged Community Citizenship)

그런데 특히 리더십 능력에 관해서는 공식 웹사이트에 다음과 같이 명기하고 있다.

"어떤 리더십이든 상관없습니다. '클래스메이트들을 모아서 뭔가를 해냈다'든지 '군대에서 분대를 지휘했다'든지, '개인사업을 했다'든지, '회사의 일원으로서 주도적으로 계획을 세워 뭔가를 달성했다'든지 등등 뭐든 상관없습니다. 당신이 리더로서 어떤 잠재력을 갖고 있는지를 보여주는 이야기를 원하는 것입니다."(http://hbs.edu/mba/admissions)

히타치 제작소의 야마모토 리에는 이렇게 말한다.

"언뜻 보면 평범하기 그지없는 일상사도 관점을 바꾸어서 보면 가치 있는 일이 됩니다. 밤중에 미국 기업과 텔레컨퍼런스를 하는 과정에서 서버가 몇 대 부족하다는 이유로 호된 질책을 들을 때는 '내가 지금 뭐하고 있는 건가?' 하는 순간도 있었습니다. 하지만 그것도 관점을 바꾸어서 보면 글로벌 기업과 직접 접촉해 니즈를 파악하고 일본 기업의 입장을 설명하며 사태를 개선하는 데 기여한 일이 되는 것이죠."

야마모토는 이어서 말한다.

"일본의 20대나 30대는 자기 일에 좀더 자신감을 갖기 바랍니다. 젊을 때는 자기가 하는 일이 평범하고 사소한 일로 여겨지지만, 실은 하나하나를 재정의해가면 모두 가치 있는 일 아니겠습니까?"

인사면접, 이직활동, 그리고 경영대학원 입학시험은 자기 일을 가치 있는 것으로 '재정의'하기를 요구한다. 자기가 하는 일을 있는 그대로 보여줄수록 좋다. 그런 모습에서 선택하는 쪽은 '가능성'을 느끼기 때문이다. 모건스탠리 증권과 국제금융공사[IFC]를 다녔던 스기타 미치코도 있는 그대로의 구체적인 경험담을 전달하고 싶었단다. 스기타는 모건스탠리에서 일에 치여 살다가 자기를 잃어버릴 듯한 상태까지 몰린 이야기나 IFC에서 일본 기업을 상대로 끈기 있게 영업을 했던 이야기 등을 적었다.

"발전 과정에 있는 지금의 제 모습을 솔직하게 보여주자고 생각했습니다. 이처럼 현장에서 노력해왔기 때문에 실패도 했고, 또 그럼으로써 저 자신을 성장시켜왔습니다. 지금까지는 제 힘으로 해올 수 있었지만 제 능력을 더 키우지 않으면 제가 하고 싶은 일을 할 수가 없습니다. 그래서 하버드 MBA가 필요합니다. 이런 식으로 밀고 나갔지요."

젊은 사람이 화려한 성공담을 풀어놓으면 선뜻 믿기지가 않는다. 더구나 선택하는 쪽에서 보고 싶어하는 것은 장차 어느 정도 성장할 사람인가 하는 잠재 능력이기 때문에, 자기를 꾸미면 꾸밀수록 불리해진다.

일을 '받는 사람'보다 '만드는 사람'

"당신의 어떤 면이 유니크한가요?"

하버드뿐만 아니라 미국의 경영대학원에 입학원서를 넣으면 에세이나 면접에서 반드시 부딪치게 되는 질문이다. 유니크는 '보기 드문', '유일한' 등으로 번역되지만, 이 질문은 비슷비슷한 학력과 경력을 지닌 수험자가 있을 경우, 남들과 다른 점은 무엇이냐고 묻는 것이다.

왜 이런 질문을 하는 것일까? 그것은 어떤 대학원이든 '다양성 diversity'이 비즈니스를 발전시킨다고 믿고 있기 때문이다. 하버드의 웹 사이트를 봐도 여성 비율, 마이너리티 비율 등을 보여주면서 학생 구성이 얼마나 다양한지를 강조하고 있다.

900명의 입학생이 있으면 비슷한 경력을 가진 사람은 두 명 있을 필요가 없다. TOEFL이나 GMAT의 점수가 같다면 '유니크한' 쪽이 뽑히게 된다. 이런 유니크한 모습을 효과적으로 보여주는 것이 일본 최초, 회사 최초, 사상 최연소와 같은 칭호다. 이런 칭호가 있는 사람들은 개척 정신을 높이 평가받는다.

다이와 증권의 나카자와는 두 가지의 일본 최초 프로젝트에 관여한 경험을 강조했다. 하나는 유럽이나 캐나다의 은행이 발행하는 엔화표시외채를 일본에서 처음으로 판매한 일이며, 또하나는 채권을 매입함으로써 사회에 공헌하는 임팩트 투자 상품을 개발해 판매한 일이다.

21세에 하버드에 합격한 미야케는 일본인 최초로 '2+2 프로그램'에 의해 합격한 사람이며, 내가 아는 한 사상 최연소의 일본인 합격자다.

모리타는 시티그룹 증권에서 일본으로부터 다른 아시아 국가로 파견된 최초의 사람이다.

스기타는 IFC 도쿄 사무소의 일본인 주니어 스태프 제1호다.

이와 같은 칭호를 받을 만한 경험이 없더라도 제로에서 뭔가를 시작한 경험도 '유니크하다'고 인정받는다.

유아사 에무레 히데카즈는 대학 시절에 창업을 했으며, 모리타는 학생단체를, 나카자와는 농구 동아리를 만들었다. 무카에나 스키타는 사회인이 되고 나서 학습단체나 프로보노 단체를 만들었다. 물론 만들었다는 것만으로는 부족하며, 그 과정에서 자신이 얼마나 땀을 흘렸는지, 그리고 무엇을 배웠는지를 설명할 수 있어야 한다. 그것을 구체적으로 설명할 수 있는 한, 설령 실패로 끝났더라도 가치 있는 도전을 한 사람이라는 평가를 받는다.

현재 어떤 업계에서든 원하는 인재는 일을 '만드는 사람'이다. 주어진 일을 빈틈없이 해내는 사람도 물론 필요하지만, 일을 '받아서 하는 사람'만으로는 기업을 성장시킬 수 없다. 변화가 빠른 비즈니스 세계에서는 개척 정신이 넘쳐나는 사람을 요구하고 있다.

넘버원보다 온리원

하버드의 면접이나 에세이에서는 자신이 클래스에 어떤 다양성을 가져다주는 존재인지를 입학심사관에게 알기 쉽게 보여주어야 한다.

유아사는 하버드의 학생들은 전반적으로 자기 브랜딩에 뛰어나다고 한다.

"자기 자신이 교수나 동급생에게 어떻게 보이는지를 늘 의식하면서 '이렇게 보이고 싶다'고 연출하는 것에 능합니다."

예컨대 벤처 캐피털 업계에 취직하고 싶어하는 학생이 있다고 하자. 그러면 파이낸스 수업에서는 다른 수업 때보다 더 적극적으로 발언하고, 교수 방까지 찾아가서 질문을 하고, 과외활동으로 벤처 캐피털 동아리에 들어간다. 주위로부터 벤처 캐피털 사람이라고 인식되도록 모든 행동을 일관되게 한다.

"이런 식으로 행동하면 '그는 벤처 캐피털에 갈 거야'라는 분위기가 조성되고, 본인도 벤처 캐피털에 취직하는 것이 당연하다는 마음이 생기기 때문에 목표를 달성하기 쉬워집니다."

이런 자기연출은 다양한 클래스 속에서 자신의 위치를 명확히 하는 데 상당이 유효하다고 한다.

이번에 취재한 일본인 유학생에게 에세이나 면접에서 어떤 식으로 자기 브랜딩을 했느냐고 물어보자 하나같이 명쾌하게 대답하는 바람에 깜짝 놀랐다. 뒤집어 생각하면 그렇게 명쾌했기 때문에 온리원이라는 점을 보여줄 수 있어서 합격했던 것이다.

미즈다는 하버드에 소비재 기업 출신자가 적은 것이 기회라고 생각했단다.

"소비재 제조회사에서 6년간 일한 일본인 여성은 드물다고 생각해서 그 점을 강조했습니다. 실제로 동급생 900명 중에서 소비재 제조회사 출신자는 고작 몇 퍼센트밖에 안 될 겁니다."

제조업 출신인 야마모토는 이렇게 말했다. "국제적 경험이 풍부하지만 일본의 제조회사에서 성실하게 일해온 일본인 여성이라고 스스로를 규정했습니다."

유아사의 경우도 명쾌했다.

"터키, 스위스, 미국, 일본이라는 각각 다른 문화를 지닌 4개국에서 자라면서 편견이나 선입견 없이 직접 자기 눈으로 확인하는 것이 얼마나 중요한지를 알게 되었다는 점을 강조해서 전달했습니다."

하가는 면접에서 "다른 미쓰비시 상사의 수험생과 어디가 어떻게 다른가?"라는 질문을 받았다.

"자동차사업본부의 해외영업뿐만 아니라 한때 근무했던 관리 부문에서도 자동차 관련 비즈니스의 투자 심사를 도맡았다는 점도 강조했습니다. 입사하고 몇 년 뒤에 영업과 투자 심사 양쪽을 경험한 사람은 미쓰비시 상사 내에서도 드문 경우라서요."

이렇게 자기 브랜딩을 하는 기술은 일본의 대학입시뿐만 아니라 글로벌 기업의 취직시험에서도 도움이 된다.

도쿄 대학이 2016년도 입학생 선발부터 추천입시를 도입하려는 목적 중 하나는 "다양한 학생 구성을 실현하기" 위해서인데, 일류 글로벌 기업의 경우 다양한 인재를 채용하는 일은 기업의 성장이나 존속과 관련된 중요한 과제다. 자신의 어떤 점이 온리원인지를 분석하고 연출해서 전달하는 일이야말로 다양성을 가져다주는 인재로서 선출되기 위한 첫걸음인 것이다.

비평보다 현장 능력

근래 들어 하버드는 개발도상국 비즈니스에 부쩍 힘을 쏟고 있다. 1학년은 개발도상국에 머물면서 컨설팅을 하는 '필드'라는 수업을 반드시 수강해야 한다. 900명 전원이 6명가량의 팀으로 나뉘어 세계 전역의 기업이나 조직의 문제를 해결하기 위해 나선다.

2010년에 인도 출신의 니틴 노리아^{Nitin Nohria} 교수가 학장으로 취임한 이래 개발도상국 비즈니스를 중시하는 경향이 더욱 강해졌다.

개발도상국 중에서도 특히 인도와 깊이 연결되어 있어, 출판 부문의 자회사를 설립하거나 기업간부를 위한 강좌를 개설하는 등 인도에 적극적으로 진출하고 있다. 하버드 교내에는 인도의 재벌인 타타 그룹으로부터 기부를 받아 건립된 기업간부 교육 전문시설인 '타타홀'이 자리잡고 있다. 2013년 12월에 완공된 타타 홀은 전 세계의 경영인들이 8주간 숙박하면서 고도의 매니지먼트를 배우는 Advanced Management Program(AMP)의 중심 시설이다.

일본인 합격자가 하버드에 전달한 에세이의 내용을 보더라도 '개발도상국'과의 관계를 강조한 사람이 많다. 등장 순으로 정리를 해보면 일목요연하다.

- 스기타—IFC에서 개발금융에 종사
- 모리타—학생 시절에 인도네시아에서 봉사 활동
- 유아사—터키에서 태어나 동남아시아에서 컨설팅

- 나카자와—개발도상국 지원을 목적으로 한 금융상품 개발·판매에 기여
- 무카에—개발도상국 지원을 위한 학습단체를 세우고 학생 시절에 아시아 각국에서 봉사 활동
- 하가—중국에서의 자동차 판매에 기여

선진국의 기업들이 빠르게 성장하는 개발도상국에서 비즈니스를 펼치고 있기 때문이기도 하지만, 하버드의 수험생 중에는 "학장의 방침으로 개발도상국을 중시"하는 흐름을 의식해서 일부러 개발도상국과 관련된 경험담을 쓰는 사람도 있다.

성적이 우수한 사람은 머리가 좋은 만큼 '비평가'로 변하기 쉽다. 자신은 땀을 흘리지 않고 남에게 일을 시키고는 그것을 마치 자신이 한 듯이 쓸 수도 있다. 특히 개발도상국 관련 경험담은 '사회 기여도'를 어필할 수 있으며, 아름다운 이야기가 되기 쉽다.

그러나 이런 비평가 유형은 당연하게도 신망을 얻을 수가 없다. 그것을 판단하는 것이 입학심사관의 역할이다.

무카에는 면접관이 이런 질문을 한 것을 기억하고 있다.

"'개발도상국에서 뭔가를 했다, 그래서 개발도상국의 개발에 관여하고 싶다'는 사람은 숱하게 많습니다. 그중에서 당신을 합격시켜야 하는 이유는?"

무카에는 대학을 1년 휴학하고 상하이에서 카이로까지 7개월에 걸쳐 히치하이킹으로 여행한 경험을 이야기했다. 현지인의 집에 머물

하버드 합격기준

며 현지에서 봉사 활동을 했던, '몇 주간 학생 봉사 활동을 하고 돌아온 이들과는 다른' 경험을 한 점을 강조했다.

"여행 도중 열번째 나라인 시리아에서 청년해외협력대원으로서 활동하던 친구를 찾아갔습니다. 그리고 수도 다마스쿠스의 공원에서 어른부터 아이들까지 참여시켜 쓰레기 줍는 행사를 함께 기획하고 실행했죠. 그 일을 끝내고 다마스쿠스에 있는 카시온 산의 정상에 올라 친구와 손잡고 맹세했습니다. '아직 뭔지는 모르지만 일본에 돌아가면 뭔가를 함께 하자.' 그리고 시작한 것이 학습단체인 콤파스 포인트입니다."

이런 현장감 넘치는 경험을 이야기할 수 있는가 없는가? 이야기할 수 없다면 이력서나 에세이 등에서 강조하지 않는 편이 좋다.

스기타는 말한다.

"일본인 수험자는 장차 개발도상국의 개발에 관여하고 싶다는 사람이 많기 때문에 그중에서 나를 어떻게 차별화시킬 것인지를 생각했습니다. 비즈니스로 경제를 활성화시키고 싶다는 생각을 품고 일을 선택하고 과외활동을 했던, 이렇게 꾸준히 행동해온 일을 적은 것도 그 때문입니다."

하버드에 합격하기 위해 머리를 짜내 개발도상국에서 한 체험을 써내더라도 그것이 자기 인생의 일부가 될 만한 체험이 아니면 면접에서 들통이 난다. 개발도상국에서 당신은 구체적으로 무엇을 했는가? 현장에서 발로 뛴 경험을 말할 수 있는가 없는가? 이것이 개발도상국 경험자 간의 차별화 경쟁에서 이길 수 있는 열쇠가 된다.

정해진 코스보다는 우회하는 길

유학이나 봉사 활동을 하기 위해 고등학교나 대학을 1년 쉬고 남들보다 졸업을 늦게 한 사람을 하버드에서는 높이 평가한다.

남들과 발맞춰나가는 것을 좋아하는 일본에서는 '졸업을 늦게 하는 학생'을 부정적으로 보는 사람들이 많다. 설령 유학 등의 정당한 이유로 졸업이 늦어졌어도 왜 이 사람은 졸업이 늦어졌을까, 실상은 낙제를 한 게 아닐까 하고 의심한다. 취직활동을 할 때도 졸업이 늦어진 학생은 '성적불량자'로 찍혀서 불리한 대접을 받는 경우가 종종 있다.

그런데 하버드에서는 자신의 의지로 우회하는 길을 가는 사람은 남들과는 다른 길을 걸은 사람이라고 판단한다. 이번에 취재를 한 학생들도 18세에 대학에 들어가 22세에 취직을 하는, 정해진 코스만 걸으며 살아온 사람은 드문 편이었다.

무카에는 아시아 대륙을 둘러보기 위해 히토쓰바시 대학을 1년 휴학했고, 야마모토는 UCLA에 유학하다보니 1년 늦게 졸업하게 되었다. 나카자와는 미국 고등학교를 졸업한 뒤 일본 대학을 선택한 바람에 1년 늦게 입학했다. 그리고 모두가 이런 우회로를 선택했을 때 자신이 얼마나 성장했는지를 에세이에 적었다.

이렇게 우회하는 길을 선택한 삶을 높이 평가하는 것은 하버드뿐만이 아니다. 매킨지&컴퍼니 같은 일류 컨설팅 회사에서도 휴직을 하고 사회공헌 활동 등을 하고 오면 높이 평가받는다.

전 매킨지&컴퍼니의 파트너(공동경영자)였으며 현재 상하이에서 회사를 경영하는 가네다 오사무金田修는 매킨지를 그만두려고 마음먹고 휴직했을 때의 일을 다음과 같이 이야기했다.

"결국은 매킨지로 돌아가기로 했는데요, 그 휴직 기간을 포함한 시기에 대해서도 '창업가 정신이 강해 장차 리더가 될 가능성이 있다'는 식으로 높이 평가해주어서 감동했던 기억이 있습니다."

일류 조직은 우회로를 걷는 행위를 위험을 무릅쓰고 자기 인생을 주체적으로 개척한 증거로 보면서 긍정적으로 평가한다. 그러나 그런 우회로를 걷는 동안 평소보다 몇 배나 농밀한 경험을 쌓지 않으면 의미가 없다. "휴식 시간을 가졌습니다"가 아니라 어떤 목적을 위해 무엇을 했는가를 이야기해야 한다.

인생은 타성보다 정열

아마존의 창업자 겸 CEO인 제프 베조스는 2010년 프린스턴 대학의 졸업식 연설에서 학생들에게 다음과 같이 호소했다.

"여러분은 인생을 타성적으로 살 것입니까, 아니면 정열을 갖고 살아갈 것입니까?"

인생을 타성적으로 살아온 사람에게는 남들에게 들려줄 만한 이야기가 없다. 정열을 쏟으며 살아왔을 때에야 내용이 충실한 이야기가 생기기 때문이다. 베조스가 말하듯이 글로벌 기업은 정열을 갖고 살아가는 사람을 원한다.

하버드를 포함해서 일류 경영대학원은 자기 인생을 하나의 스토리로 능숙하게 전달한 사람이 합격한다고 한다.

예컨대 "이런 환경에서 자랐으며 이런 사람에게 영향을 받아 이런 체험을 함으로써 지금에 이르렀다. 그래서 이제부터 이런 목표를 향해 가고 싶다"와 같은 스토리다. 설문이 몇 가지든 에세이를 다 읽은 뒤에 하나의 스토리가 전달되도록 해야 한다.

가령 인생의 목표를 달성하기 위한 단계로서 하버드를 선택한 자신이 그런 정열을 갖게 된 원체험을 이야기하는 것도 설득력이 있다.

스기타는 중학교 때 필리핀에서 홈스테이를 했을 때의 체험이, 모리타는 인도네시아에서 봉사 활동을 한 체험이 개발도상국의 빈부격차 문제에 관심을 갖게 된 계기가 되었다. 터키와 일본을 연결하는 비즈니스를 구축하고 싶어하는 유아사에게는 터키인 아버지와 일본인 어머니를 둔 정체성이 그 이면에 자리잡고 있다. 미즈다는 뉴욕의 유엔 국제학교에서 '세계 평화 교육'을 받은 것이 원체험이 되어, 일본에서 NPO 활동으로 교육 향상에 공헌하고 싶다고 생각하게 되었다.

나카자와는 대학 시절에 친구와 함께 태국 여행을 한 것이 그뒤 개발도상국을 지원하는 금융상품 개발에 종사하는 동기가 되었다. 무카에가 극빈층을 대상으로 하는 비즈니스를 펼치고 싶다고 생각한 계기는 대학 시절에 한 아시아 횡단 여행이었다. 자연재해에도 끄떡없는 인프라를 구축하고 싶다는 야마모토의 꿈은 지진이 없는 영국에서 일본으로 귀국했을 때 지진이 일어나 가슴이 철렁 내려앉았던 원체험에서 비롯되었다. 하가가 전기자동차 등 최첨단 기술을 활용하는 비즈니스를 지향하는 것도 대학에서 테크놀로지의 재미에 눈을 떴기 때문이다.

원체험만큼 스토리에 설득력을 불어넣는 것도 없다. 원체험의 축은 자신의 정열이다. 그래서 모두들 인생의 목표를 이야기할 때는 거기서부터 시작한다. 정열의 뿌리를 알면, 그다음은 자신이 목표를 향해 무엇을 해왔는지를 골라서 쓰면 된다. 그 단계로서 하버드에서 배우는 것이 얼마나 필요한 과정인지를 전달하는 것이다.

스토리를 말할 때는 시작과 끝이 중요하다. 그것을 결정하면 일관된 스토리가 완성된다. 그 스토리를 통해 자신은 결코 타성에 젖어서 살아온 사람이 아니라는 것을 전달하면 된다.

기술 ① 부분최적보다 전체최적

하버드가 요구하는 인재는 일, 학업, 커뮤니티 활동 등에서 두루 균형적으로 뛰어난 사람이다. 요컨대 사람을 '전체'로서 본다. 입학심사관이 입학원서를 살펴보고는 '이 수험생은 이런 사람이다'는 식의 이미지가 떠올라야 한다. 일본인 수험자는 동일본 대지진 때 했던 봉사 활동이나 커뮤니티 활동은 자랑할 게 아니라는 생각을 갖고 있어서, 회사에서 겪은 일만 쓰는 경향이 있다. 하지만 그런 겸손의 미덕은 하버드 입학시험에서는 높이 평가받지 못한다. 커뮤니티 활동에 참가했다면 에세이나 이력서에 당당하게 쓰면 된다.

2008년 2+2 프로그램에 응시한 미야케는 어떤 질문에 어떤 경험담을 넣을지 시행착오를 겪으면서 생각을 거듭했다고 한다.

"직소 퍼즐을 완성시키듯이 각 경험담을 적절한 질문에 할당해 넣었습니다. 읽는 이의 입장을 고려해서 처음에는 어렸을 때의 에피소드를 넣자, 이 이야기는 리더십 질문에 넣자, 이런 식으로 순서나 대답하는 방법을 궁리했습니다."

유아사는 입학원서 전체로 무엇을 전달할 것인가에 대해 깊이 생각했다. 입학원서 전체를 하나의 세트로 생각해서 이 이야기는 추천장에서 부탁하자, 이 이야기는 에세이에 쓰자는 식으로 작전을 짰다.

"저희가 시험을 칠 때는 시험 점수 외에 에세이 4편, 추천장 3통, 기초 데이터 서류 1장을 제출해야 했습니다. 제가 전하고 싶은 것이 효과적으로 전달될 수 있도록, 추천장을 써주실 분에게는 미리 '이런 점을 강조해주실 수 없을까요?'라고 부탁을 해두었죠."

미야케가 말하는 '직소 퍼즐'이 제대로 완성되었는지를 확인하기 위해서는 다른 사람에게 한번 봐달라고 부탁하는 것이 제일 좋은 방법이다. 객관적인 눈으로 살펴보게 해서, 인물상이 읽는 이에게 제대로 전달될 수 있을지 확인할 필요가 있다. 특히 일본에서 교육을 받은 사람은 '입학원서 전체로 하나의 메시지를 전달하거나', '에세이 전체로 하나의 스토리를 전달하는' 훈련을 할 기회가 좀처럼 없기 때문에, 제출하기 전에 구미 쪽 사람에게 보여주고 조언을 구하는 편이 좋다.

일본인 합격자는 모두 제출하기 전에 전문 카운슬러나 친구 등에게 보여주고 거듭 수정을 했다. 모리타는 다섯 명의 원어민 친구들에게 보여주고 피드백을 받아 몇 번이나 고쳐 썼다고 한다.

자신에 대한 일을 자신이 직접 쓰는 에세이는 부분최적에 빠지기 쉽다. 직소 퍼즐의 피스가 부족한 경우도 있을 것이다. 읽는 이에게 자신의 모습이 제대로 전달되는지를 항상 고려하면서 타인의 눈으로 보는 듯한 기분으로 쓰는 것이 중요하다.

기술 ② 기교를 부리기보다 단순하게

하버드의 입학심사관 디 레오폴드는 『월 스트리트 저널』의 인터뷰에서 '가장 좋은 추천장'에 대해 다음과 같이 말했다.

"동사를 아낌없이 쓰는 추천장이야말로 가장 좋은 추천장입니다. 수험자를 형용사로 소개하는 것이 아니라 '그 혹은 그녀는 이것을 했습니다'라고 적는 추천장입니다."(2012년 3월 1일자)

하버드가 알고 싶어하는 것은 수험자가 리더로서 무엇을 했는가다. 추천장이든 에세이든, 불필요한 형용사나 미사여구는 통하지 않는다.

레오폴드는 입학원서에서 볼 수 있는 가장 큰 잘못은 다음 세 가지라고 한다.

- 지나치게 기교를 부린다.
- 지나치게 생각한다.
- 지나치게 꼼꼼하다.

"하버드의 에세이 심사는 작문 경연대회가 아닙니다. 우리가 이런 것을 알고 싶어하리라고 머리를 짜내서 너무 기교를 부리지 말고, 스토리를 어떻게 하면 쉽게 전달할까를 생각하기 바랍니다."(『블룸버그 비즈니스 위크』, 2011년 9월 7일자)

실제로 나는 합격자 에세이를 책 등에서 본 적이 있는데, 주위의 고등학생도 충분히 이해할 수 있을 만큼 평이한 문장으로 되어 있는 것이 인상적이었다. 수천 장의 입학원서를 읽는 입학심사관에게 소설과 같은 작문을 제출하면 폐가 될 뿐이고, 실제로도 취직 면접 등에서 자신을 말하는 데 소설과 같은 표현은 사용하지 않을 것이다.

그 어떤 소박한 내용이라도 상관없다. 자신의 이야기를 단순하게 그리고 구체적으로 전달하는 것이 중요하다.

기술 ③ 좋은 발음보다 충실한 콘텐츠

근래 들어 중국인 수험생이 급증하기도 해서 하버드 면접이 상하이에서도 실시되고 있다. 2014년 2월 면접은 수년 만에 일본과 한국의 수험생을 위해 도쿄에서 실시되었지만, 이번에 취재한 합격자들은 전부 상하이에서 면접을 보았다.

아시아에 거주하는 수험생의 면접을 담당하는 사람은 아일린 창 Eileen Chang 이다. 하버드의 입학심사관을 오랫동안 맡아오고 있다.

면접 평가기준은 명확하다.

• 하버드의 클래스 토론에 기여할 수 있는 사람인가?

하버드에서는 발표 점수가 성적의 절반을 차지한다. 성적 평가는 1학급 90명 중 하위 몇 명이 매년 퇴학당할 정도로 엄격하기 때문에, 입학심사관도 "발표를 할 수 없는 사람을 입학시켜 퇴학당하는" 일이 일어나게 해서는 안 된다.

TOEFL이나 GMAT 시험에서 높은 점수를 획득해도 실제로 토론을 할 수 있는지는 다른 문제다.

그리고 영어 발음이나 속도는 개의치 않는다. 다들 알고 있겠지만 인도계, 중국계, 라틴계 등 출신국에 따라 영어 억양이 다르다. 속도는 미국인 중에도 말이 빠른 사람이 있고 느린 사람이 있듯이 천차만별이다.

천천히 말하든 억양이 독특하든 말의 순서가 조금 다르든, 내용만 제대로 전달하면 된다. 그 전달력을 확인하기 위해 경험이 풍부한 아일린 창이 말을 걸어오는 경우도 있다.

유아사는 이런 합격기준을 이해하고는 철저하게 준비하여 면접에 임했다.

"저는 이렇게 생각합니다라고 말하듯이, 제 생각을 확실하게 표현하기 위해 주의를 기울였습니다. 일본인은 대체로 찬성이나 반대를 명확히 하는 것에 서투른데, 그러면 토론이 되질 않습니다. 또한 질문을 받으면 뜸들이지 않고 즉각 대답을 했습니다. 실제로 학급 토론에서는 느긋하게 생각할 여유도 없기 때문이지요."

창의 질문에는 "Why?"가 많다고 한다. 유아사는 창이 이력서를 살펴보면서 툭하면 "Why?" 하며 질문을 한 것을 기억하고 있다.

"왜 스위스 학교에 다녔어요? 왜 오하이오에 갔어요? 왜 KPMG로 이직했나요? 이렇게 주로 행동의 동기를 물었습니다. 자신의 행동을 남에게 설명할 수 있는지를 체크한 것인지도 모릅니다."

나카자와도 똑같이 "Why?" 질문을 받았다.

"왜 일본의 대학에 진학했어요? 왜 다이와 증권을 택했나요? 왜 기업 파견 유학을 결정했어요?"

"Why?" 질문과 함께 "○○○가 뭐죠?", "××는 잘 모르겠는데, 설명 좀 해주시겠어요?"와 같은 질문도 많았다. 분명히 알고 있을 텐데도 시미치 떼고 물어오는 경우도 있단다.

모리타는 금융업계의 전문용어에 대해 설명해야 했다.

"자신이 알고 있는 것을 상대에게 알기 쉽게 설명할 수 있는지, 가르쳐줄 수 있는지를 확인하는 듯한 느낌을 받았습니다."

미즈다도 덧붙여서 말했다.

"일본의 소비자는 세세한 부분에 연연한다고 하는데, 다른 나라 사람들에 비해 정말 뚜렷하게 차이가 있나요? 어떻게 그런 점을 알지

하버드 합격기준

요?'라는 질문을 받았어요. 자신이 당연하게 여기는 문제를 명확하게 설명할 수 있는지, 그것을 체크하는 것 같았습니다."

하버드의 토론 수업에 기여하기 위해서는 자신의 경험이나 전문지식을 최대한 활용해야 한다. 설령 풍부한 경험과 전문지식이 있더라도 적확하게 표현하지 못하면 아무런 의미도 없다. 그렇기 때문에 면접에서 발언 능력과 설명 능력을 철저하게 확인하는 것이다.

기술 ④ 국소론보다 대국론

하버드의 토론에 기여할 수 있는 사람인지 확인하기 위해서 특히 기업 파견 유학생의 경우는 자기 회사를 객관적으로 볼 수 있는지 여부를 체크한다.

대부분의 기업 파견 유학생은 대학 졸업 뒤 같은 회사에서만 일했고, 더구나 일본에서 온 유학생은 5~6년 근무한 뒤에야 유학생으로 선발되는 경우가 많았다. 그러다보니 그 회사의 문화나 업계의 규칙에 젖어, 자사를 객관적으로 보면서 '이런 점은 바꾸고 싶다'고 나서는 태도도 약해지는 경향이 있다.

그래서 하버드의 면접관은 종종 수험생이 소속된 회사에 대한 사례 토론을 시도한다. 미쓰비시 상사의 하가가 기억하고 있는 것은 다음과 같은 질문이었다.

- 미쓰비시 상사에 위협이 되는 요소는 무엇인가?

- 그 위협에 미쓰비시 상사는 어떻게 대처하는가?

- 자동차사업본부의 판매 전략에 대해서 어떻게 생각하는가?

- 미쓰비시 상사 등 상사의 비즈니스 모델에 대해서는 세계적으로 다양한 의견이 있는데, 당신은 어떻게 생각하는가?

- 미쓰비시 상사는 소셜 미디어의 전성기라는 시대 변화에 어떻게 대응하고 있는가?

하가의 경우는 자사의 전략에 대해 소속 부문뿐만 아니라 폭넓게 관심을 갖고 정보를 수집했던 것이 큰 도움이 되었다. 하지만 그래도 몇 가지 질문은 완전히 예상 밖이었다.

"면접 후반부에 느닷없이 미쓰비시 상사에 대한 토론이 시작되는 바람에 내심 당혹스러웠습니다. 담력과 영어 능력을 포함한 커뮤니케이션 능력을 그 자리에서 체크했던 게 아닌가 싶습니다."

이처럼 상사의 비즈니스에 관한 토론이 이루어진 것은 미쓰이 물산에서 파견된 무카에의 경우도 마찬가지였다.

- 상사에서 일하는 의미를 당신은 어떻게 설명하겠는가?

- 이익이 크지만 사회적 의의는 그다지 없는 비즈니스와, 이익은 작지만 사회적 의의는 큰 비즈니스가 있다면 상사는 어느 쪽을 택하겠는가?

- 극빈층 비즈니스를 상사에서 하는 의미는?

하버드 합격기준

무카에는 사전에 준비를 했지만 이런 질문은 뜻밖이었다고 한다.

하버드에서는 한 학급 90명 중 일본인은 한 명밖에 없다. 자신의 회사뿐만 아니라 일본 기업에 대해서는 어디까지나 일본 대표로서 발언할 의무가 있다. 하버드가 요구하는 인재는 기업 파견 유학생으로 선출될 정도로 우등생이면서도 그 문화에 물들지 않고 경영자적 관점에서 대국적으로 자기 회사를 보면서 일본 기업에 이노베이션을 일으킬 수 있는 사람인 것이다.

제5장

하버드가 원하는
인물상

하버드 대학 경영대학원은 세계에서 가장 들어가기 어렵다고 한다. 그 이유는 하버드의 합격기준이 세 가지 능력을 모두 아우른 '종합적 능력'이기 때문이다.

1. 리더십 능력
2. 분석력과 분석 욕구
3. 공동체에 대한 공헌도

이 세 가지 능력을 지녔다고 평가받은 사람들은 어떤 환경에서 자랐고 어떤 능력을 지녔을까? 여기서는 합격자들에게 공통적으로 보이는 특성들을 정리해보았다. 독자들 중에는 많은 분들이 아이를 키우거나 부하직원에게 업무를 가르치거나 학생을 가르치는 등 어떤 형

하버드 합격기준

태로든 인재를 육성하는 일에 관련되어 있을 것이다. 하버드 학생의 특성은 세계를 변화시키는 글로벌 리더의 후보로서 선택된 사람들의 특성이다. 우리도 앞으로 어떤 인재를 육성해나가면 좋을까? 여기서의 언급이 하나의 참고가 되기를 바란다.

이른 시기에 영어권에서 생활하다

일본인이 하버드에 합격하느냐 못하느냐를 결정하는 열쇠는 영어 토론 능력이다. 시험 점수나 리더십 체험에서는 손색이 없는 사람이라도 면접에서 토론 능력이 부족하다고 판단되어 떨어지는 경우도 많다. 그러면 하버드의 일본인 합격자는 영어 토론 능력을 어디서 익혔을까?

이를 조사해보았더니 미쓰비시 상사의 하가는 예외지만, 거의 모든 합격자가 대학교에 입학하기 전에 해외에서 영어를 배웠다. 합격자 아홉 명의 출신 고등학교는 다음과 같다.

- 나카자와—미국 테이츠 크릭 고등학교(초, 중, 고교는 미국)
- 무카에—시부야 교육학원 마쿠하리 고등학교(초, 중교는 미국)
- 야마모토—영국 릿쿄 영국학원(초, 중, 고교는 영국)
- 스기타—히로시마 여학원 고등학교/ 미국 알링턴 고등학교(YFU 프로그램)

- 유아사—스위스 구몬학원 고등부
- 미즈다—도호 여자고등학교(초등학교는 미국)
- 모리타—쓰쿠바 대학 부속고등학교/ 미국 뱅고르 고등학교(AFS 프로그램)
- 미야케—도쿄가쿠게이 대학 부속고등학교/ 캐나다 피어슨 칼리지 고등학교(UWC 프로그램, 초등학교는 영국)
- 하가—아자부 고등학교

이 가운데 유년기를 제외하고 영어 때문에 별로 고생하지 않은 사람은 나카자와, 무카에, 야마모토, 미즈다, 미야케다. 이를 보면 초등학교, 중학교 시절에 현지 학교를 다녀야만 원어민에 버금가는 영어 실력을 갖출 수 있음을 알 수 있다. 이들 말고는 대부분 고등학교 때 유학을 갔다.

이쯤 되면 '뭐야, 결국 해외로 부임하는 부모가 있어야 된다는 소린가?'라고 생각하겠지만, 스기타나 모리타처럼 스스로 장학금을 타서 고등학교 때 해외로 유학을 간 사람들도 있다. 부모의 재력보다 본인의 의지가 중요한 것이다. 그리고 그들이 현지에서 남들보다 몇 배의 노력을 기울여 영어를 익혔다는 사실을 잊어서는 안 된다.

물론 하가와 같이 영어권에서 교육을 받지 않고도 일본의 영어 학원에서 열심히 공부하여 하버드에 합격한 사람도 있다. 그러나 다른 사람들의 경력을 보면 하가는 예외 중의 예외라고 할 수 있다.

하버드의 토론 수업을 따라가기 위해서는 영어 실력뿐만 아니라 자기 의견을 논리적으로 말할 수 있는 능력도 익혀야 한다. 일반적으로 20~30대의 일본인이 그런 능력을 국내에서 익히기는 여간 어려운 일이 아니다.

그리고 일본인 합격자뿐만 아니라 다른 아시아계 유학생들도 모두 미국에서 자랐거나 영어권에서 공부를 했다. 하버드가 요구하는 영어 실력을 갖추고 싶다면 이른 시기에 영어권으로 유학을 가야 한다. 이것이 이번 취재로 알게 된 현실이다.

설명하는 능력을 유년기에 단련하다

하버드가 무엇보다도 중시하는 것은 각종 사안을 논리적으로 설명하는 능력이다. 그러면 합격자들은 그것을 어떻게 익혔을까? 구미의 학교에 다니면서 그런 능력을 갖추게 되었다는 이들이 많았는데, 한편으로는 가정교육의 영향이 컸다고 말한 사람도 있다.

예컨대 미야케의 집은 어렸을 때부터 아무리 사소한 일이라도 논리적으로 말하는 것을 중시하는 가풍이 있었다고 한다.

흔히 아이들이 장난감 가게에서 "장난감 갖고 싶어!"라고 말하면 부모들은 어떻게 할까?

"안 돼! 돈 없어!", "요전에 비슷한 거 샀잖아!"라고 말하지 않을까.

그런데 미야케의 집에서는 이렇게 말했다.

"이 장난감 갖고 싶어!"

"왜?"

"모두 갖고 있으니깐!"

"모두가 누구야?"

그러니까 모두가 갖고 있으니 사달라는 것은 이유가 되지 않는다. 자신이 왜 그 장난감을 갖고 싶은지 나름의 이유를 말해서 부모를 설득할 수 없으면 사주지 않았다고 한다.

모리타도 이처럼 "아이에게도 논리적으로 말하는 것을 요구하는 집에서 자랐다"고 한다. 영어 동시통역자인 어머니를 통해서 어렸을 때부터 영어와 함께 논리력을 몸에 익혔다. 한 예로, 모리타는 초등학교 때 다음과 같은 대화를 나누었다. 놀랍게도 미야케의 경우와 비슷하다.

"친구들과 ○○에 놀러가고 싶어."

"왜?"

"모두 가니깐."

"모두가 누구야?"

"왜 오늘이야?"

"뭐 하러 가는 거야? 목적은?"(질문은 계속된다)

가족이니까 대충 분위기 봐서 넘겨짚는 게 없고, 뭐든지 논리적으

하버드 합격기준

로 설명해야 했단다.

미즈다도 이문화 커뮤니케이션의 전문가인 어머니의 영향을 받아서 일본어와 영어로 자기 의견을 발표하는 법을 배웠다. 다섯 살 때 미국으로 가서 현지 학교에 다니기 시작했을 무렵, 박사 논문을 쓰느라 정신이 없었던 어머니의 어깨를 주물러드리면서 이런 대화를 나눈 것을 지금도 기억하고 있다.

"왜 미국 학교의 친구들은 당연한 일까지 일일이 설명하지 않으면 알아듣지 못하는 거야?"

"엄마와 사에 그리고 일본 사회와 사에는 지금까지 공유해온 게 많아서 '하이컨텍스트'를 만들어놓았기 때문에 전부 설명하지 않아도 전달이 되는 거야. 하지만 미국 친구들과는 공유해온 것이 아직 적잖아. 그래서 설명을 해야만 하는 거고. 친구들에게 뭔가를 설명할 때는 상대에 맞춰서 설명하는 것이 중요해. 알았지?"

하이컨텍스트란 '생활관습이나 문화적 배경, 경험상으로 공통된 부분이 많은 정도'를 나타내는 전문용어라는 것은 나중에야 알았다고 하는데, 어린아이가 별 생각 없이 던진 질문에도 세심하게 논리적으로 설명해주고 있음을 알 수 있다. 미즈다가 일본어와 영어로 능숙하게 프레젠테이션을 할 수 있게 된 것은 상대에 맞춰서 설명해야 한다는 점을 어머니에게 배웠기 때문이라고 한다.

뉴스에 나오는 사람이 되다

이번에 취재한 사람들은 공통적으로 그들의 활동이 뉴스 등에 나오고 기록에 남아 있다.

일미학생회의에서 활동한 기록, 미국 대학의 학생단체에서 활동한 기록, 철인3종 경기에 관한 기록, 성적우수자로서 표창 받은 기록, 또는 젊은 사원의 대표로서 다루어진 기사, 사회인이 된 뒤의 사회공헌 활동을 특집으로 다룬 기사 등 일일이 열거하기가 힘들 정도다.

미국의 대학신문이나 일본의 유명 잡지 등 다양한 매체에 기사로 실렸는데, 이번에 취재한 합격생들의 이름을 일본어와 영어로 검색하면 기사들이 줄줄이 나온다. 그만큼 하나같이 '뉴스와 가까운' 사람들인 것이다.

언론계 출신인 나는 컬럼비아 대학 면접을 보러온 수험생이 일본의 언론에 소개된 적이 있으면 반드시 '훌륭한 실적'으로서 학교에 보고한다. 그러면 대학측에서 "그 정보는 입학원서의 어디에도 두드러지게 기록되지 않은 것이라서 합격 여부를 판단하는 데 큰 도움이 되었다"는 피드백을 보내오는 경우가 종종 있다.

어떤 언론매체든 세상에서 인정받은 기록은 하버드 시험을 칠 때 강력한 무기가 된다.

또한 하버드 합격자 중에는 장학생이 많다. 스기타와 미즈다는 풀브라이트 장학생이며, 그 밖의 자비유학생도 이런저런 장학금을 받고 있는 사람들이 많다.

하버드 합격기준

특히 풀브라이트 장학금은 1946년부터 이어지는 장학금으로, 일본인 노벨상 수상자를 많이 배출해왔다. 풀브라이트 심사에 합격한 사람은 어떤 의미에서는 미국 정부로부터 인정을 받은 셈이기도 해서 입학심사에서도 한 수 먹고 들어가게 된다.

입학시험이나 채용시험을 보기 전에 언론매체나 장학금 등에서 어떤 식으로든 '선택된 사람'이 되는 것은 합격으로 가는 첫걸음이라고 할 수 있다.

워크 하드, 플레이 하드

"이렇듯 많은 일을 해낼 수 있는 시간을 어떻게 낼 수 있었죠?"

이 질문을 하버드 합격자들을 취재하면서 몇 번이나 했다. 그들의 이력서를 보면, 대학 때 봉사 활동도 하고, 스포츠 활동도 하고, 학생 단체 일도 하고, 아르바이트도 하고, 그러면서 성적도 우수하다. 사회인이 된 뒤로도 사회공헌 활동을 하면서 일도 빈틈없이 처리해 엘리트 사원이 되고, 더구나 하버드 입학공부도 완벽하게 해냈다.

미쓰비시 상사의 하가는 두 가지 일을 동시에 하는 것을 어렸을 때부터 잘했다고 한다.

"쉬운 예로 말하자면, 시험 준비를 할 때는 아이를 등에 업고 보면서 GMAT 시험의 영어 단어를 외우거나 했습니다. 중요한 일에 관해서는 '밤을 새우는 한이 있더라도 납득이 갈 때까지 토론하는' 등 할 수 있는 모든 것을 하는 유형이지만, 그 밖의 일은 집중해서 효율적으로 하려고 해요."

유아사는 일할 때 열심히 일하고 놀 때는 확실하게 노는 것이 하버드 학생의 특징이라고 한다.

"조금 전까지 파티에서 미친듯이 놀던 친구가 몇 시간 뒤 밤늦게까지 또는 아침 일찍 도서관에 가서 공부하는 모습을 흔히 봅니다. '워크 하드, 플레이 하드'라고 하는데요, 공부는 물론이고 노는 데도 전력투구하는 사람이 많습니다."

하버드의 학생들은 자기가 노력하는 모습을 겉으로 드러내지 않는다고 한다.

"노력하는 습관이 몸에 배어 있는 사람이 많습니다. 게다가 그렇게 노력하는 모습을 남들에게 드러내지 않습니다. 공부 따위 전혀 안 하는 것처럼 보이지만, 뒤에서는 모두 엄청나게 노력하고 있죠."

유아사의 평범한 하루

- 오전 6시—기상/ 수업 예습
- 오전 8시—토론그룹 6명이 모여 수업 예습
- 오전 9시—수업
- 오후 0시—점심 모임
- 오후 1시—수업
- 오후 3시—실습 미팅

하버드 합격기준

- 오후 5시—동아리 활동
- 오후 7시 반—저녁 식사
- 오후 10시—수업 예습

이런 정규 스케줄 외에 채용 면접이나 파티 등이 생기면 아무리 하버드 학생이라도 모든 것을 완벽하게 소화하기란 힘들다. 그런 경우에 우선순위를 매기는 방법에서도 그들은 상당히 능숙하다고 유아 사는 말한다.

"2년 동안 모든 것을 학업에 바치며 충실히 따라가다가 우수한 성적으로 졸업하는 것보다 가족과 보내는 시간을 더 중시하는 사람도 있습니다. 수업이라도 힘을 쏟아야 할 수업과 그렇지 않은 수업으로 나누어서 듣는 학생도 있죠."

일본인 유학생에게 "지금까지 시험 전에 밤을 새운 적이 있나요?" 라고 물었더니 모두가 고개를 저었다. 미야케는 오히려 수면 시간을 더 늘린다고 한다.

"시험 전에는 밤 10시부터 아침 6시까지 자는 등 수면 시간을 더 갖습니다. 생활 리듬이 무너지면 시험 결과에 악영향을 미치기 때문이죠."

규칙적인 생활을 하면서 놀 때는 놀고 공부할 때는 집중해서 공부한다. 간단한 일인 것 같지만, 보통 사람은 좀처럼 실행하기 어렵다.

농밀한 경험을 쌓으며 '균형 잡힌 사람'을 목표로 삼다

"하버드의 동급생들을 한마디로 표현하면 어떤 사람이라고 할 수 있나요?"

이 질문을 일본인 유학생에게 했더니 "모든 점에서 균형이 잡혀 있는 사람"이라는 대답이 많았다.

"머리도 좋고 성격도 좋고 커뮤니케이션 능력도 뛰어납니다. 정말이지 다들 얄미울 정도로 모든 것을 갖추고 있지요"라고 미즈다가 말한다. 하버드 학생이라고 하면 전에는 돈 많고 교만한 엘리트라는 이미지가 강했는데 지금은 바뀌고 있다.

"분위기가 부드러운 사람이 많아요. 흔히 하버드 졸업생이라면 '엘리트 중의 엘리트'라고 엄격한 눈으로 보기 때문에, 학장이 바뀌고부터는 균형 잡힌 인격을 갖춘 사람을 합격시키고 있는지도 모릅니다."

나카자와도 덧붙여 말한다.

"이렇게 균형 잡힌 사람들이라면 창업을 하든 NPO를 설립하든 무엇을 하든 성공할 거라는 생각이 들어요. 자연스럽게 다가갈 수 있고 마음씨도 따뜻합니다. 파티에 나가면 신나게 즐기죠. 모든 것을 갖추고 있는 부류란 이런 사람들을 말하는구나 하는 생각이 듭니다."

하가는 하버드 학생들을 보면 인간으로서의 성숙도가 다르다고 말한다.

"하버드의 학생들은 전반적으로 젊은 편인데, 이미 인간적으로 성숙해 있는 듯한 느낌이 들어요. 지금까지 살아오면서 창업이나 커뮤니티 활동 등 농밀한 경험을 해왔기 때문이 아닐까 싶어요."

'농밀한 경험'이라니 참 절묘한 표현이다. 확실히 하버드 학생들은 10대나 20대에 남들보다 두 배나 세 배 많은 경험을 쌓고 있다는 느낌을 받는다.

미국의 일류 경영대학원에 입학한 사람들 중에는 한 분야에서 뛰어난 사람이 많다. 그중에는 천재성이 번뜩이는 사람도 있다. 그러나 하버드는 한 가지 뛰어난 재능을 갖고 있는 사람보다 균형 잡힌 사람을 받아들이는 경향이 있다.

완벽하지 않은 자신을 받아들이다

하버드에 합격하려면 학력, 리더십 능력, 인격 등 모든 면에서 탁월해야 한다는 생각이 들 것이다.

그러나 모든 면에서 완벽한 사람은 이 세상에 없다. 하버드의 합격 여부는 수험자의 '종합적 능력'에 따라 판단되기 때문에, 학력이 다른 사람보다 뒤떨어져도 다른 뭔가에서 만회할 수 있으면 충분히 합격할 가능성이 있다.

이번에 취재한 일본인 유학생에게 "정말 여러분은 모든 것이 완벽하네요"라고 말했더니 "아뇨, 그렇지 않아요"라며 다양한 경험담을 들려주었다.

야마모토는 "저는 물건도 자주 잃어버리고, 짝짝이 신발을 신고 외출한 적도 있는 걸요"라고 말해주었다.

"실수를 했을 때는 히타치의 동료가 '빈틈이 없는 것 같은데 의외로 허술한 구석이 많단 말이야'라고 웃으면서 지적해준 적도 있고요."

무카에는 목표가 없던 시기에는 '무능한 인간'이었다고 지난날을 돌아보았다.

"미쓰이 물산에 입사하고 2~3년, 풀이 죽은 듯한 시기가 있었어요. 그 무렵에는 그날그날 업무만 간신히 처리하고, 왠지 모르게 괴로워하면서도 아무런 시도도 해보지 않았습니다. 말하자면 사회인으로서는 실격이었던 거죠."

반대로 목표가 정해지면 라크로스든 철인3종 경기든 일이든 뭐든 목표를 향해 저돌적으로 달려들 수 있다고 한다. 아무 의욕도 없던 시기를 벗어나게 해준 것은 친구와 선배였다.

이런 이야기를 들으면 '하버드의 합격자도 보통 사람이었구나' 싶어서 왠지 안심이 된다.

하버드의 학생들이 완벽해 보이는 까닭은 "완벽해 보이도록 끊임없이 노력하고 있기" 때문이다. 요컨대 부족한 면을 정확하게 파악하고는 그런 부분을 겉으로 드러내지 않는 것이다. 에세이나 면접에서 '실패담'이나 '약점'을 물어도 그것을 긍정적으로 보이게 하는 기술을 갖추고 있다.

하버드의 입학심사관도 당연히 이 세상에 완벽한 사람은 없다는 사실을 알고 있다. 그래서 종합적 능력으로 합격 여부를 판단하는 것이다.

하버드 합격기준

내성적인 자신을 노력으로 극복하다

하버드는 세상을 한층 좋게 바꾸어줄 리더가 될 사람을 원하기 때문에 스티브 잡스처럼 강렬한 개성을 지닌 카리스마 넘치는 사람들이 합격한다고 생각하기 쉽다. 분명히 이력서만 보면 어디 한 군데 나무랄 데 없는 사람들만 모여 있다. 틀림없이 천성적으로 카리스마 기질을 타고난 사람들일 것 같다.

물론 그런 사람도 입학하지만 실제로 하버드에서 학생들을 만나보면, 모두가 생각했던 것보다 '보통' 사람들이다. 이른바 '괴짜'나 '두뇌가 비상한 사람'의 비율은 다른 학교에 비해서 낮지 않을까 싶을 정도다. 전반적으로 영어를 구사하는 속도가 빠른 것이 특징이지만, 어조는 지극히 부드럽다.

수업 시간에 발표를 하지 않으면 생존할 수 없는 하버드에서는 모두가 말이 많은 사람들인가 하면 꼭 그렇지도 않다. 실제로 평소에는 과묵하지만 필요할 때 핵심을 찌르는 발언을 하는 유형의 학생도 있고, '전에는 내성적이었다'고 털어놓는 사람들도 꽤 많다.

하버드의 일본인협회 회장으로서 일본인 커뮤니티 사이에서 리더십을 발휘해온 유아사는 미국 대학에 처음 들어갔을 때는 "내성적인 학생이었다"고 했다. 이 사람의 지금 모습을 보면 상상조차 할 수 없는 말이다.

"18세에 처음 입학했을 때는 영어도 미국 학생들처럼 말하지 못하고 친구도 못 사귀고, 하여튼 힘들었어요. 1학기가 지나고 나서야 수업 내용을 이해할 수 있게 되었고, 성격도 점점 외향적인 쪽으로 바뀌어가더군요."

모리타도 AFS 장학생이었던 부모의 영향으로 미국 고등학교에 유학할 수 있었던 건 행운이지만 처음에는 영어를 몰라 눈물을 흘린 적도 있었단다.

"저에게도 어두운 시기가 있었어요. 하지만 그 시기에 남보다 세 배는 더 노력해서 영어를 완전하게 익혔습니다. 대학 다닐 때도 그랬는데요, 어쨌든 꾸준히 노력한 결과가 성적으로 이어졌습니다. 거기서부터 세계가 점점 확대되었죠."

역경에 부딪쳐도 그것을 극복하면 성공의 밑거름이 된다. 설령 내성적인 성격이라도 간결하게 자기 의견을 밝힐 수만 있으면 수업 때도 충분히 어깨를 펼 수 있다. 실제로 하버드 학생을 봐도 파티나 행사에 빠지지 않고 참가하는 학생도 있고, 그런 그룹과는 거리를 두고 가족과 조용히 생활하는 사람도 있다. 외향적인가 내향적인가 하는 것과는 별 관계가 없는 것이다.

하버드를 포함해서 미국의 경영대학원에서는 리더십에 관한 수업에서 종종 "내향적인 사람은 리더가 될 수 없는가"라는 문제를 놓고 토론을 벌인다. 결론은 "누구라도 노력하면 리더가 될 수 있다"이다. 내향적인 사람은 상대에게 신뢰를 받기 쉽다는 강점이 있으며, 그것을 살려 리더십을 발휘하면 된다고 가르치고 있다.

목표를 갖고 살아가다

하버드 합격기준인 세 가지 중 하나인 '공동체에 대한 공헌도' 는 구미 대학 특유의 합격기준이다. 시험 점수로 합격 여부가 결정되는 데 익숙한 일본인에게는 이 합격기준이 가장 이해하기 어려울지도 모른다.

커뮤니티 활동이란 간단하게 말하자면 회사와 가족 이외에 관한 활동을 가리킨다. NPO, 지역 청년단, 스포츠 팀, 와인 테스팅 모임 등 뭐든지 상관없다. 이력서에는 봉사 활동을 쓰는 것이 설득력 있다고 하지만, 반드시 훌륭한 사회공헌 활동이 아니어도 된다. '일벌레' 가 아니라는 점을 보여주면 되는 것이다. 미국이나 유럽에서는 일 이외에서도 적극적으로 리더십을 발휘해 활동할 수 있는 사람을 '모범적인 시민'이라고 여긴다.

무카에는 하버드에 자신과 같이 커뮤니티 활동에 적극적으로 나서는 사람이 많아서 공감대를 느꼈다고 한다.

"'모범적인 시민'이 되자며 목표를 갖고 생활해가는 듯한 느낌이에요. 자신의 삶을 스스로 이끌어가려는 의식이 강한데, 그런 모습에 자극을 받습니다."

분명히 이번에 하버드 학생들을 취재하면서 그들의 남다른 행동력에 감탄했다.

내가 시험을 칠 무렵만 해도 하버드에는 학력이 뛰어난 사람들이 모여 있다는 느낌을 받았는데, 지금은 커뮤니티 활동도 활발하게 하지 않으면 들어갈 수 없다는 것을 느꼈다.

목표를 갖고 살아가면서 그 목표를 이루기 위해 남보다 몇 배의 노력도 마다하지 않는다. 하버드 학생들이 남다른 행동력을 갖고 있는 이유는 '모범적인 시민'을 지향하며 살고 있기 때문이 아닌가 하고 무카에는 짐작한다.

공동체에 기여할 수 있는 사람이 되려면 타인을 존중하고 타인의 의견에 귀를 기울일 수 있어야 한다. 하버드 학생들은 타인의 태도나 의견을 무턱대고 부정하지 않는다고 스기타는 말한다.

"일본에는 다짜고짜 '이래서 이 정치가는 안 된다'며 결점부터 지적하는 사람들이 많죠. 그러나 하버드의 동급생들은 그런 식으로 말하지 않습니다. 결점을 지적하는 것만으로는 아무런 가치도 창출하지 못하기 때문이죠. 그래서 '이 정치가의 활동에 대해서 나는 반대한다. 나라면 이렇게 하겠다'는 식으로 말합니다."

일본에 귀국하고 나서 스기타는 세상사를 소극적으로 보고 단점을 지적하는 풍조는 하버드와는 크게 다른 것임을 깨달았다고 한다.

"매일같이 '용기를 갖고 세계를 바꾸어라'고 교육을 받으면, 실패를 해도 어떻게든 되겠지 하고 생각하게 됩니다. 무슨 일이든 처음부터 부정하지 말고 적극적으로 받아들이는 태도가 하버드 동급생들이 갖고 있는 공통된 특징입니다."

학생들만이 아니다. 하버드의 교수들도 학생들의 의견을 절대 부정하지 않는다. 'No!'라고 말하지 않는 것이 사회에 이노베이션을 일으키고 한층 더 좋은 사회를 만드는 출발점이 된다고 믿고 있기 때문이다.

'모범적인 시민'으로서 목표를 갖고 살아가는 사람인가 아닌가? 어쩌면 이것이 가장 중요한 합격기준일지도 모른다.

제6장

하버드가 실현하는
다양성

이 책에서는 일본인 합격자를 취재한 기록을 토대로 어떤 리더십 경험을 어떻게 전달하면 글로벌 조직에서 높이 평가받는지를 서술해왔다.

마지막으로 하버드의 합격기준을 결정하는 입학심사관이 말해준 심사기준을 다시금 정리해서 소개하고 싶다.

이를 위해 나는 하버드 대학 경영대학원의 MBA 어드미션&파이낸셜 에이드 부문을 총괄하는 매니징 디렉터인 디 레오폴드를 만나 인터뷰했다.

레오폴드는 1980년에 하버드 대학 경영대학원을 졸업한 뒤 30년 넘게 하버드 입학심사관을 맡아왔다. 2006년부터는 MBA 어드미션 부문(입학전형 부문)의 책임자로서 새로운 입학 프로그램을 실시하는 등 다양한 개혁을 시행하고 있다.

인터뷰에서는 서류 심사나 면접 과정에서 어떤 기준으로 합격 여부를 판가름하는지에 대해 솔직하게 물었다. 그녀가 말해준 것은 세계에서 가장 자극적이며 다양한 개성으로 넘쳐나는 교실을 만들기 위한 정열이었다.

TOEFL과 GMAT 점수로 탈락시키지 않는다

사토 하버드의 합격기준에 대해 살펴보면, 수많은 오해나 잘못된 믿음이 수험생들 사이에 퍼져 있는 것 같습니다. 무엇보다도 "TOEFL이나 GMAT 시험에서 만점에 가까운 점수를 받지 못하면 하버드에 들어가기 어렵다"는 소문의 진위가 궁금합니다. 그게 사실인 가요?

레오폴드 우선 TOEFL에 대해 말씀드리지요.

하버드가 케이스메서드case method라는 교수법을 실행하고 있는 것은 다들 알고 있을 겁니다. 케이스메서드는 하버드만의 교수법(기업에서의 실제 사례 즉 케이스를 토대로 클래스 전원이 토론하는 교수법)입니다. 다른 경영대학원에서도 활용하고 있지만, 하버드에서 실행하는 교수법과는 조금 다릅니다. 교수진이 이곳에서 가르치고 싶어하는 것은 케이스메서드에 매력을 느끼고 있기 때문이죠.

케이스메서드를 실행하는 하버드에서는 한 학급 90명 전원이 모든 수업에서 토론에 참가하여 그 토론을 활발하게 진행해나가야 합니다. 그러기 위해서는 **영어를 완벽하고 유창하게 구사하는 것이 필수조건**이죠.

하버드의 수업은 단지 의자에 앉아서 교수의 강의를 듣고 있으면 그만인 전통적인 강의 형식의 수업과는 전혀 다릅니다. 일반적인 강의 형식의 수업은 영어가 유창하지 못한 학생도 따라갈 수가 있습니다. 강의를 들으면서 교수의 목소리나 억양, 말하는 리듬에 점차 익숙해지면 됩니다. 그러나 하버드에서는 교수의 영어를 이해하는 것만으로는 수업에 참가할 수 없습니다.

하버드 학생은 자기 이외의 89명이 앞 다투어 발언하는 가운데 그 토론의 흐름을 따라가야 하고, 나아가 토론 내용에서도 한몫해야 합니다. 머릿속에서 모국어로 번역하여 이해하고 그것을 다시 영어로 번역해서 말하는……, 그런 식으로는 수업을 따라갈 수가 없는 것이죠.

우리가 'TOEFL 109점'을 영어 실력의 기준으로 명기해놓은 것은 하버드의 수업을 따라갈 수 있는 영어 실력의 기준은 이 정도입니다 하는 점을 수험자에게 알려주기 위해서죠. 다만 그것은 어디까지나 기준에 불과하며, 109점 이하라서 응시 자격이 없다든지 109점 이상이라서 안심해도 된다는 의미가 아닙니다. **우리는 그 점수로 탈락을 시키지 않으며, 109점 이상의 점수가 하버드가 요구하는 영어 실력을 갖추고 있다는 증명이라고도 생각하지 않습니다.**

그렇기 때문에 면접을 실시합니다. 토론 수업이 활발하게 진행되도록 거기에 기여할 수 있는 사람인지 아닌지를 영어 실력을 포함해서 면접으로 평가하는 것입니다.

다른 경영대학원과 달리 하버드는 입학심사위원회를 대표해서 입학심사관이 모든 서류합격자를 대상으로 직접 면접을 봅니다. 입학심사관은 매년 방대한 수의 수험자를 만나기 때문에, 그 축적된 경험을 토대로 영어 실력을 평가할 수 있습니다. 일본인 수험자를 대상으로 도쿄에서 면접을 실시하는 경우도 있죠.

사토 GMAT 점수에 대해서도 설명 좀 해주시겠어요?

레오폴드 우선 하버드에 응시할 때는 GMAT뿐만 아니라 GRE 점수도 유효하다는 점을 말해둡니다. 어느 쪽을 제출하든 상관없으며, 어느 쪽을 제출해야 유리한 것도 아닙니다.

GMAT를 예로 설명을 드리면, 종합점수(800점 만점)보다도 각 교과별 점수(영어와 수학)를 중점적으로 봅니다. 영어가 원어민이 아닌 수험생이라면 영어(Verbal) 점수를 유심히 살펴봅니다.

수학 점수는 전원 다 체크합니다. "이 수험생은 하버드의 정량적·분석적인 수업을 따라갈 수 있겠다"고 우리가 확실하게 말할 수 있는지 살펴보기 위해서입니다. 다만 수학 실력에 대해서는 GMAT 점수뿐만 아니라 대학 시절의 전공이나 사회인이 된 뒤의 직무 경험 등도 종합해서 판단합니다.

GMAT 점수를 발표할 때는 합격자 간의 점수 차이도 알려주고 있지만, TOEFL 점수와 마찬가지로 **GMAT 점수로 탈락시키는 일은 없습니다. 모든 수험자를 개별적으로 심사합니다.** 같은 점수를 획득한 수험생 중에서도 "이 경력에 이 점수는 높은데"라고 평가받는 이도 있고, "경력에 비해서는 점수가 별로 높지 않네"라고 평가받는 이도 있습니다.

"GMAT에서 몇 점을 받지 못하면 하버드에 들어갈 수 없다"는 말이 수험생들 사이에서 화제가 되는 모양인데요. 사실은 그렇지 않습니다. 합격자의 점수는 위에서 아래까지 폭넓게 분포해 있기 때문입니다(2013년 입학자는 550점부터 780점까지). 그리고 "이 점수 이상 받으면 하버드에 합격한다"는 말도 사실과 다르다는 점을 덧붙여둡니다.

훌륭한 추천장은 동사가 많다

사토 추천장에 대해서 『월 스트리트 저널』과 인터뷰했을 때, "훌륭한 추천장은 동사가 많다"고 답해준 것이 인상적이었습니다. 왜 형용사가 아니라 동사를 많이 써야 하는 거죠?

레오폴드 우리가 수험생에게 추천장을 제출하게 하는 이유는 수험생을 다른 사람의 관점에서도 보면서 좀더 깊이 이해하고 싶기 때문입니다. 추천자는 실제로 수험생과 함께 일했거나 같은 공간을 썼던 사람이 바람직합니다. 수험생의 실제 모습을 직접 눈으로 본 사람이기 때문이죠. 그런 추천자가 보내준 정보는 수험생의 능력을 파악하는 데 큰 도움이 됩니다. 수험생을 한층 더 잘 알기 위해서 실시하는 면접 시간은 30분밖에 안 되기 때문이죠.

추천장에 '동사'를 많이 쓰도록 권하는 이유에 대해서는 예를 한

번 들어볼게요. 가령 여기에 동석한 짐(광고·언론 부문 디렉터 짐 아이즈너)을 수강생이라고 하고 제가 짐의 추천자라고 합시다. 제가 추천장에 짐을 가리켜 "두뇌가 명석하고 성실하며 정직하고 재미있고 머리가 좋은 사람이다"라고 적었습니다. **무척 긍정적으로 칭찬하는 말을 나열해놓았지만, 실제로 짐이 어떤 사람인지를 전혀 알 수 없습니다.** 그러면 이번에는 "짐은 이런 프로젝트에서 이런 식으로 리더십을 발휘했다"고 써주면 어떨까요? "그 프로젝트에서는 이런 일이 있었고 짐은 그때 이렇게 행동해서 그 프로젝트에 기여했다"고 소개하면, **짐이 어떤 사람인지 그 모습이 생동감 넘치게 떠오르잖아요.**

📖 에세이 심사는 작문 경연대회가 아니다

사토 과제 에세이가 2013년부터 옵션(제출하지 않아도 됨)으로 바뀌었습니다. 에세이에 대해서는 수험생에게 어떤 조언을 해주시나요?

레오폴드 현재 하버드의 과제 에세이 문항은 단 하나입니다.

> 당신은 하버드 대학 경영대학원에 응시하기 위해 이력서, 대학 시절의 성적, 과외활동, 수상 이력, MBA 취득 후의 목표, 시험 점수 그리고 추천장을 제출했는데, 이외에 당신을 입학후보자로서 검토하기 위해 알아두기를 바라는 것은 무엇입니까? (단어 수 제한 없음)

이 설문에 정답은 없습니다. 이 에세이는 옵션이며, 입학심사관에게 추가로 알리고 싶은 사실을 전달할 수 있는 기회를 주려는 데 목적이 있습니다. 어떤 수험생에게는 사생활 이야기일 수도 있고, 또 어떤 수험생에게는 일 이야기일지도 모릅니다. 또는 사생활과 일 양쪽일지도 모르고, 전혀 다른 이야기일지도 모릅니다.

이 설문에는 정답도 모범답안도 없으며, 합격 에세이의 형식도 체크목록도 없다는 점을 명확하게 해두고 싶군요. 우리는 그런 기준으로 에세이를 읽거나 사람을 판단하지 않습니다.

사토 과제 에세이에 대해서는 전에 "하버드의 에세이 심사는 작문 경연대회가 아니다"라고 말씀하셨잖아요?

레오폴드 그렇습니다. **하버드는 리더십 능력이 있는 사람을 찾아내서 그들이 리더로서 세상에 나가 세계를 변화시키는 것을 지원하는 학교입니다.** 에세이를 많이 쓰면 쓸수록 리더로서 세계나 조직에 큰 영향을 끼칠 수 있을까요? 우리는 그런 것을 증명할 수 있는 연구를 아직 본 적이 없습니다.

사토 그런데 과제 에세이의 설문을 매년 줄이더니 이제는 단 한 문항인 이유는요?

레오폴드 제가 하버드에 응시할 무렵의 이야기 좀 해볼게요. 제가 예전에 시험을 칠 때는 에세이를 여덟 편이나 적어야 했습니다. 에세이를 쓰는 데 엄청난 시간과 체력과 지력이 필요했어요. 그러나 당시에는 입학심사관을 만날 기회가 전혀 없었고(당시에는 면접시험이 없었다), 입학심사관이 저나 다른 수험생에 관해 알 수 있는 수단은 에세이밖에 없었습니다.

지금은 면접시험이 있기 때문에 서류심사 합격자를 직접 만나서 어떤 사람인지 살펴볼 수 있지요. **우리가 직접 입학 후보자를 만날 수 있기 때문에 굳이 에세이를 많이 쓰게 할 필요가 없는 겁니다.** 에세이는 수험생에게 자신을 소개할 기회를 주는 것인 만큼, 어디까지나 다른 응시서류와 마찬가지로 **'응시서류의 하나'로서 고려되어야 합니다.**

합격자 결정 과정에 대해서 보충설명을 하자면, 우리는 매년 9,000명 정도의 수험생에게 입학원서를 받습니다. 서류심사로 1,800명가량을 골라낸 다음, 그들을 상대로 일일이 직접 면접을 봅니다. 그중에서 1,000명에게 합격통지서를 보내고, 900명이 입학합니다.

ⅠⅠ 면접 평가에 형식은 없다

사토 하버드의 면접은 다른 경영대학원과 다르다고 말씀하셨습니다. 면접에서는 특히 수험생의 어떤 점을 확인하나요?

레오폴드 하버드의 면접은 수업과 커뮤니티에 적극적으로 기여해줄 사람인가 아닌가를 평가하는 것이 목적입니다.

에세이에 대해 말했던 점과 중복되는데요, 면접 때의 평가에는 체크목록도 형식도 없습니다. 다만 30분간의 면접이 끝났을 때 수험생은 자신에 대해 제대로 전달했다고 느끼고, 우리는 수험생에 대해 한 층 더 잘 파악할 수 있었다고 확신하는 면접이 실시될 수 있도록 주의하고 있습니다.

일본인 합격자는 몇 명이라고 정해져 있지 않다

사토 일본인 수험생에 관해선데요, 일본인 합격자 수가 줄어들어 2013년 입학생은 다섯 명밖에 안 됩니다. 왜 일본인 수험생이 합격하기 어려워진 걸까요?

레오폴드 합격자 수가 다섯 명이라고 해서 들어가기 어려워졌다고 말할 수는 없습니다. 우리는 대략 70개국에서 온 학생들로 클래스를 다양하게 구성해왔습니다. 이 방침은 앞으로도 바뀌지 않을 겁니다. 그렇기 때문에 **스웨덴에서 몇 명, 일본에서 몇 명, 인도에서 몇 명이라고 출신국별로 합격자 수를 정해놓지 않습니다.** 가능한 한 다양한 나라 출신자들의 집합체가 될 수 있도록 클래스 전체의 균형을 꾀합니다. 그 결과 **일본인 수험생에게 합격이 어려워졌다고 말할 수는 없겠지요.**

사토 일본인 수험생이 늘어나면 일본인 합격자 수도 늘어나는 건가요?

하버드 합격기준

레오폴드 그런 법칙도 없습니다. 9,000명에 달하는 수험생 전체의 구성을 보면서 출신국별로 합격자 수를 결정하는 일은 없습니다. 하버드에는 대단히 뛰어난 수험생들이 많이 응시합니다.

제가 할 일은 다양성과 호기심 넘치는 교실을 만드는 것입니다. 바로 이것이 하버드임을 보증하는 것이자 가치이기 때문입니다.

하버드에서 학급 토론에 참가해보면 그때마다 "저렇게도 생각할 수 있겠구나. 꿈에도 생각하지 못했네" 하며 나름의 깨달음을 얻을 수 있습니다. 다양한 경력을 지닌 동급생들이 있기 때문에 자신과는 다른 생각이나 발언을 접할 수 있는 것이죠.

그래서 **가능한 한 다양한 경력을 지닌 사람들을 모집한다는 목적은 있지만, 합격자를 선택하는 데는 정해진 틀도 없고 규칙도 없습니다.** 우리는 정해진 기준에 따라 기계적으로 합격자를 뽑지는 않습니다.

출신대학을 좀더 다양하게 구성하고 싶다

사토 합격자의 출신대학에 대해서 묻고 싶습니다. 일본에서는 "하버드 합격자는 틀림없이 하버드 대학이나 아이비리그 등 유명 대학의 졸업생일 것이다"라고 넘겨짚는 경향이 있습니다. 출신대학의 이름이나 브랜드는 어느 정도나 중요합니까?

레오폴드 출신대학이 합격자를 결정하는 요소가 된다고는 할 수 없습니다. 현재 하버드의 1학년 학생 900명의 출신대학은 270개교나 됩니다. 우리는 이것을 300개교까지 더 늘리고 싶습니다. 이 사실이 보여주듯이, 수험생을 출신대학으로 구분해서 심사하지는 않습니다. 꽤 오래전부터 내려오는 방식이지만, 우리는 한 사람 한 사람, 케이스 바이 케이스로 개별적으로 심사합니다.

그리고 하나 더 말씀드리면, 우리에게는 출신대학의 이름보다 훨씬 더 중요한 것이 있습니다. 그것은 **수험생이 대학 시절을 주체적으로 보냈는가 하는 점입니다. 자신의 한계에 도전했는가, 어려운 수업에 도전했는가, 대학 시절의 경험을 이후의 삶에서 어떻게 활용하고 있는가,** 이런 점들을 면접에서 물어보죠.

2+2 프로그램은 대학생에 대한 메시지

사토 2+2 프로그램에 대해서 묻고 싶습니다. 이 프로그램을 시작한 목적은 무엇인가요?

레오폴드 2+2 프로그램은 대학 3학년생이 졸업 후의 진로를 결정할 때 하버드에서 MBA를 취득하는 길도 생각해보라는 뜻에서 시작한 입학 제도입니다. 아시다시피 하버드의 학생의 경우 4년제 대학에서 바로 진학해온 사람은 한 명도 없습니다. 필수적으로 풀타임의 취로 경험이 있어야 합니다.

따라서 2+2 프로그램의 수험생은 대학 3학년이 끝나고 (대학 4학년

때) 응시를 해서 합격하면, '졸업하고 2년 뒤에 하버드에 입학할 자격'
이 주어집니다. 재학 중에 합격해도 취로 경험을 쌓으려다보면 자동
적으로 입학이 연기되는 것이죠.

입학을 하기 전까지 2년 동안 할 일은 합격자 본인이 찾아야 합니
다. 하버드의 취직 상담원에게 상담은 할 수 있지요. 그러나 일을 알
선해주지는 않습니다. 2년 동안(경우에 따라서는 2년 이상) 일해서 2년
동안 하버드에서 배우는 프로그램이기 때문에 '2+2 프로그램'이라고
부릅니다.

사토 일본의 대학에 다니는 대학 3학년생도 응시 자격이 있나요?

레오폴드 물론 있지요. 다만 두 가지를 명확히 해두겠습니다. 먼저
우리는 모든 입학원서를 심사하는데, **2+2 프로그램의 합격자는 상당
히 적다**는 점입니다. 매년 100명 정도만 합격할 수 있는데, 실제로 입
학하는 학생은 90명 정도 됩니다. 또 한 가지는 일본 국적의 합격자가
졸업 후 미국에서 2년 동안 일하고 싶어해도 **우리는 취로 비자를 내
는 데 협조하지 않는다**는 점입니다.

사토 그래서 일본인으로서는 최초로 합격한 미야케 히로유키는 미
국에서 대학을 졸업한 뒤 일단 일본에 귀국해서 매킨지&컴퍼니의 일
본 지사에 취직한 것이군요?

레오폴드 어디에서 일하는가는 합격자의 자유입니다. 실제로 취직
하는 곳은 다양합니다. 꼭 매킨지 같은 (컨설팅) 기업일 필요는 없습니

다. 하이테크나 헬스케어 쪽에 취직하는 사람도 있지요.

사토 미야케는 캐나다에서 고등학교를 졸업하고 미네소타 주 매컬레스터 대학에 진학했습니다. 일본의 젊은이가 2+2 프로그램으로 하버드에 들어가려고 할 때, 미야케처럼 가급적이면 일찍 미국이나 캐나다에 유학하기를 권하십니까?

레오폴드 저는 그런 조언은 절대 하지 않습니다. 다시 한 번 강조해두지만, 하버드에 합격하기 위한 공식 따위는 없으며, 우리는 한 사람한 사람 개별적으로 심사를 합니다.

젊은 사람은 자신의 정열에 따라 정말로 자신이 꿈꾸던 일을 실현하고, 스스로에게 올바른 결단을 내리며 살아가야 한다고 생각합니다. 하버드 시험은 2+2 프로그램이든 다른 어떤 프로그램이든 그 연장선상에 있어야 합니다.

사토 최근에 합격한 사람들의 프로필을 살펴보았는데 64%가 STEM(이공계) 출신이더군요. 왜 STEM 학생이 많은 거죠?

레오폴드 우선 STEM의 의미에 대해 정확하게 설명하고 싶습니다. STEM이란 기초과학Science, 테크놀로지Technology, 공학Engineering, 수학Mathematics의 약자로, 이 네 가지에 컴퓨터 사이언스도 포함하는 학문의 총칭입니다.

이 수치(64%)는 우리가 현재 STEM을 전공하는 학생에게 보내는 메시지이기도 합니다. 요컨대 **"STEM 전공 학생에게 하버드나 다른**

하버드 합격기준

경영대학원의 MBA 프로그램은 반드시 이익이 되니까 꼭 응시를 고려해보기 바란다"는 메시지를 (이공계를 다수 합격시킴으로써) 의도적으로 전달하고 있는 것입니다.

STEM 출신자는 MBA를 취득한 뒤 비즈니스 세계에 발을 내디뎌 일류 기업에 취직하거나 아니면 회사를 세웁니다. MBA가 자신들의 장래에 많은 선택지를 제시한다는 점을 알기 바라는 것이죠. 졸업한 뒤 사무직이 아니라 연구직으로 갈 수도 있습니다. "경영대학원에 가면 은행이나 컨설팅 회사에 취직한다"는 식의 낡아빠진 선입견은 잘못된 것입니다.

우리가 STEM을 공부하는 학생들에게 '경영대학원에 진학하면 얻게 될 이익'을 되도록 일찍 전달해주면, 탁월한 정량적·분석적인 기초 지식을 지닌 그들이 하버드 응시를 본격적으로 고려해줄 것으로 봅니다.

리더십을 경험한 기간과 가치는 비례하지 않는다

사토 2+2 프로그램의 합격자는 24~25세에 입학하니 다른 학생들보다 어립니다. 하버드는 나이가 어린 수험자를 선호하는 건가요?

레오폴드 입학생의 나이에 대해서는 좀더 자세하게 설명하겠습니다. 하버드 1학년 전체의 평균 연령은 27세입니다. 2+2 프로그램의 합격자라도 3~4년 일한 뒤 입학하는 사람도 있지요. 그러면 27세쯤에 입학하게 됩니다. 보통의 수험생이라도 24세, 25세, 26세인 사람들이 있습니다. 그렇기 때문에 2~3년의 취로 기간을 거쳐 **24~25세에 입학하는 사람들이 전부 2+2 프로그램의 합격자라고 단정할 수는 없는 것입니다.**

사토 2+2라고 해서 말씀인데요, 이 프로그램에서는 취로 기간이 반드시 2년이라고 정해져 있는 건 아니겠죠? 3~4년 뒤에 입학해도 되는 거죠?

레오폴드 2+2 프로그램의 합격자는 적어도 2년 동안, 입학하기 전까지 취로 경험을 쌓으라는 제도입니다. '2+2'라고 하기보다는 '×+2'라고 하는 편이 좋았을지도 모르겠네요. 2년 일하면 입학할 수 있는 권리가 있지만, 실제로는 많은 합격자들이 3년이나 4년 일하고 나서 입학하고 있습니다. 교실 안을 둘러봐도 '이 학생은 2+2 프로그램이다'라고 알아차릴 수 없을 겁니다.

사토 일본인 수험생들은 나이를 먹은 수험생이 리더십 경험도 풍부하고 졸업 후의 수입도 높아서 유리하다고 생각해왔습니다. 그런데 합격자의 나이나 일을 한 햇수는 합격 여부를 결정하는 데 반드시 중요한 요소는 아니라는 말씀이군요?

레오폴드 그렇습니다. "학생들이 토론을 통해 많은 것을 배우기 위해서는 풀타임 취로 경험은 필수"라는 것이 우리 생각이지만, 반드시 취로 경험이 길어야 좋다는 뜻은 아닙니다.

회사에 들어가 상사 밑에서 일하면서 그 조직에 대해 알면 알수록 점점 일에 익숙해지고 일상생활도 원활하게 할 수 있을 것입니다. 그러나 우리는 '**직무 경험의 햇수**'와 '**경험이 지닌 가치**'는 **비례하지 않는다**고 생각합니다. **직무 경험이 많을수록 좋은 리더로서 가치 있는 경험을 할 수 있다는 식의 비례관계는 없는** 것입니다.

우리가 입학을 심사하는 MBA 프로그램은 업계나 회사를 대표하는 중견간부들이 모이는 프로그램이 아닙니다(하버드에는 기업간부를 대상으로 하는 별도 프로그램이 있다). MBA 프로그램은 오랜 경험을 쌓고 이미 리더가 된 일선 경영자들을 대상으로 하는 프로그램이 아닙니다.

MBA 프로그램은 세계를 변화시킬 리더를 육성하는 장입니다. 우리가 선택한 사람들은 모두가 케이스메서드 수업에 기여할 사람들이라고 믿고 있습니다.

하버드의 합격기준

사토 이제부터는 하버드의 합격기준에 대해 묻고 싶습니다. 하버드에서는 ①리더십 능력, ②분석력과 분석 욕구, ③공동체에 대한 공헌도라는 세 가지 합격기준을 내걸고 있잖아요?

레오폴드 우리 입학심사관의 목표는 전력을 다해 학생들의 가슴을 뛰게 하는 교실을 만드는 것입니다.

먼저 리더십에 대해 설명하자면, 우리는 **대학이나 직장 등에서 리더십을 발휘한 경험이 있는 사람**을 원합니다. 합창단을 예로 들자면, 우리가 원하는 사람은 합창단의 '멤버'가 아니라 합창단의 '단장'입니다. 학생자치회로 말하면 '자치회 임원', 스포츠 팀으로 말하면 '주장'입니다.

분석력과 수량적 능력은 빼놓을 수 없는 요소입니다. 하버드 수업은 매일 기업 사례에 나오는 온갖 상황을 분석하며, 대차대조표에서 재무 데이터 분석까지 다양한 형태로 숫자를 다룹니다.

그리고 마지막으로 **남들과 협조할 수 있는 사람**이라는 점도 중요합니다. 자기 이외의 사람과 관계를 맺지 않고는 비즈니스를 성립시킬 수 없기 때문입니다.

이런 세 가지 요소를 기본적으로 지니고 있으면서 가능한 한 다양한 경력과 관점을 가진 사람을 뽑고 싶습니다. 거듭 말하지만, 케이스 메서드에서는 다양한 의견이 오가는 것이 무엇보다도 중요하기 때문입니다.

사토 첫번째의 '리더십 능력'에 대해서는, 에세이나 면접에서 입학심사관에게 리더십에 대한 경험을 이야기할 때는 어떤 리더십이든 상관없다고 공식 웹사이트에 명시되어 있잖아요?

레오폴드 앞에서도 언급했듯이, **리더십은 정해진 '크기'나 '형태'가**

없다고 우리는 생각하고 있습니다. 한마디로 리더라고 해도 학생자치회의 회장이 있고, 대기업의 계층적 조직 속에서 리더십을 발휘하는 사람도 있습니다. 다양한 유형의 리더가 있지요. 이런 리더십 실적은 특별한 경험이며, 우리도 높이 평가합니다.

그러나 우리가 찾고 있는 사람은 이런 전형적인 리더만이 아닙니다. 이따금 '하버드에 합격하는 사람은 이런 리더뿐이다'라는 오해를 사기도 하는데, 사실은 그렇지 않습니다.

하버드의 학생 중에는 **창업가**가 많습니다. 그들은 설레는 마음으로 새로운 벤처기업을 세워서 사업을 해나갑니다. 이 또한 리더십인 것입니다.

또는 **작은 팀에서 탁월한 리더십을 발휘한 사람**도 있겠지요. 예를 들자면 자기 말고 팀원이 여섯 명밖에 안 되는 팀에서 전원이 협력하여 각자의 역할 이상의 일을 할 수 있게 팀을 이끌어가고 활기차게 만드는 사람도 있는 거죠. 그리고 토론의 흐름이나 그룹의 결정을 바꿀 만한 관점을 제시하는 **'사상적인 리더'**도 있겠지요.

이외에도 일일이 열거할 수 없을 정도로 많은 유형의 리더가 존재하지만, 우리는 '모든' 유형의 리더를 원하고 있다는 점을 말씀드리고 싶습니다.

사토 두번째의 '분석력과 분석 욕구'에 대해선데요, 왜 이 능력을 필요한 요소로서 강조하는 겁니까?

레오폴드 '분석력과 분석 욕구'라고 굳이 적어놓은 것은 **정량적·정**

성적인 분석이 케이스메서드의 핵심이기 때문입니다. 학생들은 기업 사례에서 제시되는 문제를 자세히 조사하고, 분석적인 견지에서 문제를 다루며, 분석 결과를 토대로 그다음 단계를 생각합니다. 여기에서 '분석'이란 정량적定量的·정성적定性的인 분석 양쪽을 의미합니다. 케이스메서드에서는 모든 수업에서 분석을 하기 때문에 단지 분석만 할 수 있어서는 불충분하며 **분석을 좋아하는 사람, 즉 분석 욕구가 강한 사람**이어야만 하는 것입니다.

사토 세번째의 '공동체에 대한 공헌도'에 대해서도 설명 좀 부탁드릴까요?

레오폴드 하버드의 40에이커에 이르는 캠퍼스 안에는 34개의 건물이 있으며, 80% 이상의 학생이 캠퍼스 안에서 거주합니다. 요컨대 이곳은 하나의 공동체인 셈입니다. 학생들은 동료들과 함께 수업을 들으면서 농밀한 시간을 보낼 뿐만 아니라 수업 외에도 꽤 많은 시간을 함께 보내게 됩니다. 캠퍼스 안에서 주고받는 대화는 상당히 자극적이며 그 영향은 평생을 갈 것입니다.

케이스메서드를 토대로 한 수업, 90명의 학생으로 구성된 클래스, 그리고 캠퍼스 안의 거주 공동체 등, 이 모든 것이 하버드의 에코시스템(생태계)을 이루는 요소입니다.

이 공동체에 어울리는 사람을 선택할 때는 "이 수험생은 기브 앤드 테이크의 테이크만을 바라는 사람이 아니라 **기꺼이 남에게 '베풀 수 있는 사람'인가 아닌가**"를 확인해야 합니다. **다른 사람이 도와달라고**

하버드 합격기준

부탁하며 의지할 수 있는 사람인가 아닌가, 그리고 다른 사람을 위해 시간을 쓸 수 있는 사람인가 아닌가, 바로 이런 점을 보는 것입니다.

진정한 글로벌 리더란?

사토 『포브스』와 인터뷰할 때 리더는 '겸손을 동반하는 자신감'을 갖는 것이 중요하다고 말씀하셨습니다. '겸손'과 '자신감'은 상반되는 콘셉트 같은데요, '겸손을 동반하는 자신감'이란 어떤 의미인가요?

레오폴드 '겸손'과 '자신감'은 멋진 조합이라고 생각합니다. 겸손과 자신감은 둘 다 리더에게 필요한 특별한 요소로, 상반되는 콘셉트라고는 전혀 생각하지 않습니다. "나에게는 타인의 도움이 필요하다", "나 한 사람의 힘으로는 한계가 있다"라고 인식하기 때문에 **리더는 타인에게 감사의 마음을 갖고 자기 한계에 부딪칠 수 있으며, 또한 그처럼 겸손한 자세가 진정한 자신감으로 이어지게 됩니다.** 이것이 '겸손을 동반하는 자신감'의 의미라고 생각합니다.

사토 마지막으로 글로벌 리더의 정의를 부탁드리겠습니다.

레오폴드 글로벌 리더란 **"국경이나 경계를 한계라고 인식하지 않는 리더"**라고 할 수 있겠지요.

사토 장차 글로벌 리더의 후보로서 이상적인 하버드 대학 경영대학원의 학생이란 어떤 학생일까요?

레오폴드 단적으로 설명할 수는 없겠지요. 이 탁월한 공동체에 어울리는 경력을 지닌 사람들은 숱하게 많습니다. 그러나 여기에서 한 번 더 우리가 학생들에게 바라는 공통적인 성질과 기술 즉 리더십 능력에 관해 말씀드리고 싶습니다.

우리는 리더십 능력이 있는 사람을 원하고 있습니다. 하버드의 모토인 **"세상을 변화시킬 리더를 육성한다"**를 함께 실현해나가고 싶어 **하는 사람**을 찾고 있는 것입니다. 요컨대 **세상에 영향을 주고 싶다는 마음을 갖고 있는 리더**입니다.

이런 리더는 세상에 셀 수 없을 정도로 많이 존재하고, 세상에 영향을 줄 수 있는 방법 또한 헤아릴 수 없을 정도로 많습니다. 그래서 우리는 가능한 한 많은 의견과 경력, 관점을 지닌 사람들을 모으기 위해 노력하고 있는 것입니다.

자신의 생각과는 다른 생각을 접했을 때, 자신의 경력과는 다른 사람을 만났을 때, **자신의 컴포트존을 벗어나 부딪쳐나갈 때 사람은 비로소 정말로 배울 수 있다**고 믿고 있습니다.

인터뷰를 마치며

디 레오폴드와의 인터뷰 내용을 거의 전부 옮겨놓았는데, 그녀가 거듭 강조하는 점들이 눈에 띈다.

첫째는 합격자를 뽑을 때는 그 어떤 공식도 틀도 없다는 점이다. 국적, 출신대학, 시험 점수 등이 거론될 때마다 "이런 사람이 합격하기 쉽지 않나요?"라고 물어보았지만, 그때마다 고개를 저었다.

인간은 아무래도 자신을 어딘가에 귀속시키려는 경향이 있다. 특히 인생이 잘 풀리지 않을 때 그런 경향이 강해진다. 이를테면 대학입시나 취직시험에서 떨어졌을 때, "일본인이기 때문이야", "여자라서 그래", "이 대학을 나왔기 때문이야" 등으로 자신이 부정되지 않도록 자신이 속해 있는 카테고리 탓으로 돌린다.

그러나 하버드는 카테고리가 아니라 그 카테고리를 이루는 개인 한 사람 한 사람을 본다. 요컨대 리더 후보로서의 종합적 능력이다. 종합적 능력은 서류나 시험만으로는 판단할 수 없다. 그렇기 때문에 경험이 풍부한 입학심사관이 서류심사 합격자 1,800명을 일일이 만나 면접을 보는 것이다.

둘째는 합격자를 선택하기 위한 공식은 없지만, 입학심사관의 목표는 한결같다는 점이다. 바로 "가능한 한 다양성이 있는 클래스를 만드는 것"이다.

레오폴드는 합격생의 출신대학 수와 출신국가 수를 더 늘리고 싶다고 한다. 카테고리별로 판단하지는 않는다고 하지만, 지금까지 하버드 합격자를 낸 적이 없는 국가나 대학, 조직 등의 출신자는 분명 다른 수험생과 차별화될 가능성이 높고 또 그만큼 다양성을 가져오는 데 유리할 것이다. 그리고 "일본인 몇 명, 인도인 몇 명……" 같은 식으로 정해놓지 않는다고 하는데, 어쨌든 특정 국가 출신자가 많아지지 않도록 전체적 균형을 고려하는 모습도 엿볼 수 있었다.

또한 대학에서 이공계를 전공한 사람들을 좀더 받아들이고 싶어한다는 점을 강하게 느꼈다. 근래 들어 하이테크 기업이 상승세를 타면서 젊고 우수한 이공계 학생을 모집하기 위해 어디든 필사적인 노력을 기울이고 있다. 경영대학원은 물론이고 이공계 대학원이나 연구기관들이 서로 쟁탈전을 벌이고 있다. 그들이 대학생일 때 미리 합격통지서를 보내고 있는 것도 그들을 비즈니스 세계에 되도록 일찍 진입시켜 리더로 키우려는 계획이 있는 것으로 보인다.

셋째는 하버드에 합격하는 것을 인생의 목적으로 삼아서는 안 된다는 점이다. 하버드에 들어가기 위해 에세이 공부를 하는 데 시간을 들이거나, 영어시험 점수를 올리려고 필사적으로 공부하거나, 이런저런 커뮤니티 활동에 매달리는 것은 옳지 않다고 한다. "젊은 사람은 자신의 정열에 따라 정말 자신이 꿈꾸던 일을 실현하고, 스스로에게 올바른 결단을 내리며 살아가야 한다. 하버드는 그 연장선상에 있는 것이다"라고 한 말이 무엇보다도 인상적이었다.

하버드의 합격기준은 ①리더십 능력, ②분석력과 분석 욕구, ③공동체에 대한 공헌도이다. 이 세 가지를 갖추고 클래스에 얼마나 다양성을 가져다줄 수 있느냐가 승부처가 된다. 합격을 결정하는 데 공통적인 틀이 없다면, 하버드는 입학심사관의 축적된 경험과 직감으로 합격자를 선택하고 있다고도 볼 수 있다.

하버드의 졸업생인 디 레오폴드와 인터뷰를 한 결과, 그녀는 "세계 최고의 클래스를 만들겠다"는 뜨거운 정열과 30여 년에 걸쳐 수만 명의 수험생을 심사해온 경험을 토대로 '강한 자신감'을 갖고 있다는 느낌을 받았다.

글로벌 리더는 국경이나 경계를 '한계'로 인식하지 않는 리더다. 세계를 한층 더 좋은 방향으로 이끌어갈 수 있는 사람을 선택할 때 마지막 결정타는 결국 리더로서 살아갈 각오와 정열인지도 모른다.

감사의 말

2014년 4월부터 공익재단법인 대학기준협회의 경영계 전문직 대학원 인증 평가위원회의 위원을 맡게 되면서, 일본이 앞으로 어떤 인재의 육성을 목표로 삼아야 할 것인지에 대해 생각할 기회가 많아졌습니다. 세계 유수의 경영인재를 배출해온 하버드의 합격기준은 일본의 대학이나 기업이 글로벌 인재를 채용하고 육성하는 데도 하나의 지침이 될 것입니다. 또한 조직의 일원으로 일하는 여러분이 이 책을 읽고 자신의 평가와 관련된 것으로서 리더십의 의미를 조금이라도 실감할 수 있기를 바랍니다.

이 책에서는 컬럼비아 대학 경영대학원의 졸업생 면접관으로서 해외 경영대학원의 합격기준을 올바르게 전해주고 싶었습니다. 잘못된 정보에 휘둘려 우왕좌왕하는 일 없이 좀더 많은 사람들이 MBA에 도전하기를 마음 깊이 바라고 있습니다.

하버드 합격기준

하버드의 일본인 유학생을 취재하면서, 합격까지 이르는 길은 결코 평탄하지 않다는 것을 알 수 있었습니다. 그들의 10대와 20대는 성실한 노력과 좌절로 이루어져 있었습니다. 때로는 유학한 국가에서 영어라는 장벽 때문에 은둔형 외톨이가 되거나, 때로는 사내 파견시험에 몇 번이나 떨어지고, 때로는 인턴시험이나 채용시험에 실패하면서도 그때마다 피나는 노력을 해서 일어섰습니다.

타성으로 인생을 보내온 사람은 탁월한 리더십을 발휘할 수 없다는 사실을 그들이 가르쳐주었습니다.

이 책은 아홉 분의 일본인 유학생이 협조해주지 않았으면 세상에 나오지 못했을 것입니다. 그분들 그리고 관련 기업의 여러분께 감사의 뜻을 표합니다.

하버드 비즈니스 스쿨 일본 리서치 센터의 사토 노부오 센터장은 여러모로 큰 도움을 주셨습니다. 그리고 하버드 MBA 어드미션&파이낸셜 에이드 부문의 매니징 디렉터 디 레오폴드와 광고·미디어 부문의 디렉터 짐 아이즈너, 이 두 분께도 감사의 뜻을 전합니다.

2014년 5월

사토 지에

하버드 합격기준

초판 1쇄 인쇄 2015년 3월 6일
초판 1쇄 발행 2015년 3월 16일

지은이 사토 지에 | 옮긴이 황선종 | 펴낸이 강병선 | 편집인 신정민
편집 최연희 | 디자인 이효진 | 저작권 한문숙 박혜연 김지영
마케팅 방미연 최향모 유재경 | 온라인마케팅 김희숙 김상만 한수진 이천희
제작 강신은 김동욱 임현식 | 제작처 미광원색사(인쇄) 경원문화사(제본)

펴낸곳 (주)문학동네
출판등록 1993년 10월 22일 제406-2003-000045호
임프린트 싱긋

주소 413-120 경기도 파주시 회동길 210
문의전화 031) 955-1935(마케팅), 031) 955-2692(편집)
팩스 031) 955-8855
전자우편 paper@munhak.com

ISBN 978-89-546-3532-5 03320

www.munhak.com